KB220448

무슨 재미로 사세요?

어느 젊은 교사의 신앙고백

무슨 재미로 사세요?

어느 젊은 교사의 신앙고백

윤광원 지음

머리말

예수님을 제 인생의 구세주와 주인으로 영접하고 신앙생활을 해 온 45년의 시간을 돌아보니 모두 하나님의 은혜였음을 고백합니다. 학생으로, 중·고등학교 교사로, 교회 중·고등부 교사와 청년·대학부 교사로, 서리 집사와 안수집사, 목사로 활동하는 동안 여러 사건들과 말씀들을 통하여 잘못된 생각들을 고쳐주셨고, 세월이 흐를수록 더욱 주님을 사모하고 천국을 소망하게 하시니 감사하지 않을 수 없습니다.

여기에 1980년대부터 1990년대까지 겪은 여러 사건들과 말씀들을 통하여 깨우쳐 주신 것들을 글로 정리하였습니다. 글 중에는 요즘 시대와 거리감을 느끼게 하는 글들도 있습니다. 제가 30대의 젊은 시절에 썼던 글이기 때문입니다. 하지만 그 나름대로 지나온 세월을 되짚어 돌아볼 수 있는 유익함도 있을 것입니다.

글 내용 중에 잘못된 신앙의 모습들을 지적하는 부분도 있는

데, 다른 사람들을 향한 비난과 정죄라기보다는 모두 저 자신을 향한 것입니다. 과거에 그런 잘못된 생각과 행동을 했을 뿐만 아니라 지금도 그 테두리를 벗어나지 못하고 있는 부분들도 있기에 여기 실린 글들은 저를 향한 하나님의 책망입니다.

이 글을 읽는 분들에게 제가 과거 저질렀던 잘못된 생각과 행동들이 나타나지 않기를 소원합니다. 하나님의 말씀을 바르게 받아들이고 바르게 믿기를 소원합니다. 여기에 실린 글을 읽고 신앙에 조금이라도 유익이 된다면 저로서는 더없는 보람입니다. 혹시 잘못된 생각이 있거나 표현에 있어서 적절하지 못한 것이 있으면 지나치지 마시고 꼭 구체적으로 지적해 주시고 지도해 주시기를 바랍니다.

제가 젊은 시절에 경험한 것과 책을 읽고 생각한 것들을 글로 써 놓았는데 그저 묻어두기에는 못내 아쉬웠습니다. 가족들과 지인들에게 제가 경험하고 생각했던 것들을 나누고자 용기를 내 책을 출간했습니다. 혹여나 저를 전혀 모르는 분들도 읽어주신다면 더욱더 영광입니다. 끝으로 제 글 가운데 나오는 저의 가족들, 과거 함께 직장생활을 했던 선생님들, 함께 신앙생활 했던 분들, 영성교회 성도님들, 공주 '81 나사렛형제자매님들, 그리고 이런 저런 모양으로 저와 관계를 맺은 분들 모두와 편집에 많은 정성과 수고를 아끼지 않은 신수빈 대리님께 감사를 드립니다.

2019년을 보내며

윤광원

목 차

무슨 재미로 사세요?

사리(舍利)와 사리(事理)

왜 돌아갔을까?

다이제스트(Digest)

별수 없는 인간

1. 자리 양보와 자기 부정

토요일 퇴근 시간에 시내버스를 탈 때마다 승용차 생각이 간절하다. 토요일 퇴근 시간에는 대부분의 학생들도 한꺼번에 귀가하는데, 시내버스에 탄 사람들 때문에 오징어가 될 지경이다. 특히 요즘 같은 무더운 여름철엔 견디기 힘든 '찜통' 그 자체다. 사우나라고 생각하면 마음이 편하겠지만 특별난 사우나이기에 견디기 힘들다. 땀 냄새를 비롯한 온갖 악취가 가득하고 땀에 젖은 몸들이 밀고 밀치기 때문에 특별한 사우나인 것이다. 그 가운데 자리에 앉아 갈 수 있다는 것은 보통의 특혜가 아니다. 옆에 자리가 나서 앉노라면 그 순간은 부러울 게 하나도 없다. 이런 상황에서 자리를 양보하기란 그리 쉬운 일이 아니다.

몇 주 전 토요일 퇴근 시간이었다. 무더운 날씨에다 발을 들여놓을 틈도 없이 만원인 버스 안. 다행으로 그날은 서 있던 바로 옆에 자리가 생기는 바람에 앉아서 갈 수 있는 대단한 행운(?)을 얻었다. 그런데 몇 정류소를 지나니 병색과 수심이 가득해 보이는 아주머니가 승객들 가운데 끼어 승차했다. 힘들지만 그 아주머니를 차마 외면할 수 없어서 자리를 양보했다. 그런데 웬일인가? 그 아주머니의 얼굴에는 미안해하거나 고마워하는 표정 하나 찾기가 어려웠다. 고맙다는 인사도 물론 없었다. 왠지 기분이 유쾌하지 않았다. 고맙다는 인사 한마디, 아니면 미안해하는 제스처라도 있어야 하지 않겠느냐는 생각이 들었기 때문이다. 괜히 자리를 양보하고 기분도 상한 꼴이었다.

동시에 '그리스도인으로서 내 생각은 바른가?'라고 생각하며 자신을 바라보게 되었다. 이 일을 통하여 모범적인 그리스도인이라고 자처했던 자신의 형편없는 실상이 적나라하게 드러나고 말았다. 별것도 아닌 것을 대단하게 과장하여 생각하고 별것도 아님에도 무엇인가의 보상을 받으려는 자신의 모습을 보았다. 그리스도인에게는 누구 하나 알아주지 않을지라도, 아무 보상을 받지 못하더라도 전혀 서운한 마음조차 없는 섬김의 자세가 필요하다. 예수님을 주인으로 모시고 산다면서도 매사에 다른 사람들이 알아주기를 바라고 무엇인가 보상을 받지 않으면 마음이 상하는 못난 자신을 본다.

예수님은 말씀하셨다.

"너희 중에 뉘게 밭을 갈거나 양을 치거나 하는 종이 있어

밭에서 돌아오면 저더러 곧 와 앉아서 먹으라 할 자가 있느냐? 도리어 저더러 내가 먹을 것을 예비하고 띠를 띠고 나의 먹고 마시는 동안에 수종 들고 너는 그 후에 먹고 마시라 하지 않겠느냐? 명한 대로 하였다고 종에게 사례하겠느냐? 이와 같이 너희도 명령받은 것을 다 행한 후에 이르기를 우리는 무익한 종이라 우리의 하여야 할 일을 한 것뿐이라 할지니라(누가복음 17:7~10)."

예수님의 종인 내가 예수님의 뜻대로, 예수님의 명령을 따라 산다는 것이 무엇이 그리 대단한가? 무엇을 그렇게 내세울 수 있는가? 은혜로 구원받은 우리가 좋은 일 좀 했다고 알아주길 바라고 보상받기를 바란다면 얼마나 우스운 일인가? 또 사람이 알아주고 보상을 해 준다고 한들 그것이 무슨 대단한 의미와 가치가 있는가?

"너는 구제할 때에 오른손의 하는 것을 왼손이 모르게 하라(마태복음 6:3)."라는 말씀이 어떻게 가능한가? 그것은 철저히 '자기를 부인할' 때에만 가능하지 않은가? '날마다 죽는 자(고린도전서 15:31)'에게만 가능하지 않은가? 사도 바울의 고백대로 날마다 죽기를 원한다. 주님 명령처럼 내 삶의 모든 영역에서 온전히 예수님을 인생의 주님으로 모시고 자기를 부정하여

'우리는 무익한 종이라 우리가 하여야 할 일을 한 것뿐이다.'라는 자세로 살기를 간절히 소망한다.

(1986년 7월 어느 날)

2. 별수 없는 인간

C 선생님은 A가 R 선생님에게서 오랫동안 성경공부를 해왔기 때문에 좀 더 착실하리라고 기대했는데 오히려 다른 학생들에 비해 더욱 말썽을 피우기에 의아해한다. 이유가 무엇일까? R 선생님에 의하면 A는 오랫동안 성경공부를 해왔음에도 구원의 확신이 없다고 한다. 물론 하나님의 주권과 살아계심을 믿어 구원의 확신을 가지고 살아간다면 분명히 세상 사람들과는 구별된 삶을 살 것이다. 그러나 그 대답만으로는 만족할 수가 없다고 하니 웬 까닭일까? 그럼 세상 사람들과 구별된 삶을 사는 사람이 누구인가? 누가 있는가? 누가 그렇게 살고 있는가? 여기에 우리의 고민이 있다.

성경에서는 말한다.

"기록한바 의인은 없나니 하나도 없으며 깨닫는 자도 없고 하나님을 찾는 자도 없고 다 치우쳐 한가지로 무익하게 되고 선을 행하는 자는 없나니 하나도 없도다(로마서 3:10~12)."

율법과 도덕적 행위로는 의로울 수 있는 사람이 전혀 없다. 예수 안에 있는 사람이든지 예수 밖에 있는 사람이든지 예외가 없다. 우리를 앞서간 수많은 믿음의 위대한 선진들에 대하여 성경에서는 그들의 불신과 실수를 숨김없이 보여주고 있다. 하나님은 다만 믿는 자들을 의롭다고 여겨주시는 것뿐이다. 그러므로 인간은 근본적으로 믿을 수 없다. 인간에 대하여 기대하거나 믿고 의지하면 실망만 할 뿐이다.

아주 가끔 내가 무슨 대단한 사람인 것처럼 추켜 세워주는 사람을 만날 때가 있다. 그때마다 유쾌한 것이 아니라 심기(心氣)가 매우 불편하다. 나 자신이 얼마나 나약하고 어리석고 부족한지 알기 때문이다. 또한 나 자신이 얼마나 믿을 수 없는 존재인가를 알기 때문이다. 나 자신이 그런 존재인 것은 예수님을 영접하기 전이나 그 후나, 제자훈련을 받기 전이나 그 후나 마찬가지다. 예수님을 통해 아주 조금씩 변화하고 있지만, 나약하고 어리석고 부족하고 신뢰할 수 없기는 예전과 별다른 바 없다.

그러므로 모든 교만한 마음을 버리고 겸손해야 한다. 별수 없는 인간이 교만할 때 하나님 앞에서 미움을 받을 수밖에 없다. 하나님은 겸손한 자를 좋아하시고 그런 사람을 들어 사용하신다. 하나님은 자신이 가지고 있는 지식, 건강, 물질, 재능, 사회적 지위 등에 의지하지 않는 자를 보며 기뻐하신다. 그렇기 때문에 자기 자신이나 다른 사람에게 의지하는 자는 스스로 자신의 무덤을 파는 어리석은 사람이다.

사람을 의지하다가 실망하지 않은 사람이 몇이나 있는가? 목회자나 지도자를 의지하다가 실망하고 돌아선 자들이 얼마나 많은가? 우리 모두에게는, 목회자나 지도자를 포함하여 인간으로서의 부족함과 나약함, 어리석음이 있다는 것을 인정해야 한다. 서로에게 부담을 주거나 자신을 과장하도록 부추기지 않아야 한다. 우리는 누구나 예외 없이 별수 없는 인간이다. 바벨탑을 쌓지 말아야 한다. 할 수 있다고 크게 떠들수록 허상을 좇게 될 것이다. 별수 없는 인간을 너무 추켜세우지 말아야 한다. 인간은 바람을 불어 넣을수록 무한정으로 부풀어지는 풍선이다. 별수 없는 인간임을 겸손하게 인정하고 별수 있는 하나님만 바라보아야 한다.

(1993년 9월 어느 날)

3. 언제부터 이렇게 교만해졌는가?

D 교회는 철저하게 제자훈련을 시키기 때문에 그 틀을 유지하기 위하여 다른 교회에서 신앙생활을 하다가 온 경우에도 새신자 과정부터 밟게 하고 있다. 그 방법이 좋다고 여겨졌고 목회를 한다면 그렇게 하겠다는 생각도 했다. 그러나 이미 각오했음에도 막상 D 교회에 출석해보니 왠지 달갑지 않았다. 또한 지도자의 위치에 서고 싶은 까닭은 무엇인가? 나 자신이 너무도 교만해져 있다는 사실에 새삼 놀랐다.

어느 선교단체보다 강한 제자훈련을 하고 있다고 자부했던 C 선교단체에서 학생 대표까지 한 데다, 교회와 직장에서 학생, 교사들을 대상으로 나름대로 제자훈련을 시행해 본 경험이 있으니 제자훈련에는 스스로 전문가라고 자부하고 있었다. C 선교단체에서 활동을 할 당시에도 일반 교회에서 훈련받은 것은 인정하지 않을 정도였다. 한 마디로 극도로 교만해져 있었다.

물론 기도와 헌금과 교회 봉사에 있어서 상상을 초월할 만큼 열성적이고 헌신적인 성도들을 보면서 나의 교만이 한때 깨어지는 듯 했었다. 그러나 직장과 교회에서 지도자로서의 직분을 맡고 신앙의 경험과 성경 지식이 쌓여가면서 더욱 교만해진 것이다.

D 교회에서 처음으로 2시간 정도 Q.T.(기도와 묵상) 나눔과 성경을 공부하는 다락방 모임에 참석했을 때에도 나는 허탈했다. 그동안 Q.T.를 열심히 해오고 강조해 온 내가 그 모임을 인도하는 것이 마땅하다고 생각한 까닭이다. 얼마나 교만한가? 선 줄로 생각하거든 넘어질까 조심하라는 말씀(고린도전서 10: 12)도 있지 않은가? 지도하는 위치에 설수록, 경험과 지식이 쌓여갈수록 교만해지기 쉽다는 것을 다시 한번 깊이 느껴보았다.

D 교회에 옮긴 이유 중에 가장 큰 것은 아내의 신앙을 위해서다. 사실 아내는 아직 체계적으로 성경을 배우거나 제자훈련을 받을 기회를 얻지 못했다. 그래서 아내가 제대로 된 신앙을 배웠으면 하는 바람에서 D 교회로 옮기게 된 것이다. 그러나 생각해 보면 얼마나 교만한 생각이었는지 그때는 몰랐다. 이 시간 하나님 앞에 회개한다. 하나님께서 원하시는 것은 겸손하게 하나님을 따르고 형제를 섬기는 것이 아닌가?

말세의 현상 중의 하나는 교만이다(디모데후서 3:2). 왜 교만한가? 성경에서는 마음에 하나님 두기를 싫어하므로 하나님으로부터 버림받은 자는 교만하다고 하였다(로마서 1:30). 마음에 하나님 두기를 싫어하는 자는 교만할 수밖에 없다는 것이 성경의 관점이다. 또 성경에서는 교만한 것은 진정한 사랑이 없기 때문이라고 한다(고린도전서 13:4). 마음에 하나님 두기를 싫어하는 자는 진정한 사랑이 있을 수 없고, 그는 교만할 수밖에 없다는 것이다. 예수님께서는 교만을 악한 생각이라고 하셨다(마가복음 7:22). 교만은 죄다(잠언 21:4). 교만한 자는 망령된 사람이다(잠언 29:23). 교만이 오면 욕도 오고(잠언 11:2) 다툼만 일어날 뿐이다(잠언 13:10). 사람이 교만하게 되면 낮아진다(잠언 29:23). 교만은 패망의 선봉이다(잠언 14:18, 8:12). 하나님은 교만한 눈을 싫어하시며(잠언 6:17) 교만한 자의 집을 허신다(잠언 15:25). 피차 손을 잡을지라도 벌을 면치 못한다(잠언 16:5).

교만은 하나님 없는 자의 모습이요, 교만은 하나님께서 미워하시는 것이다. 그것을 누구보다도 잘 알고 있고, 교만한 자를 누구보다도 싫어하면서도, 돌아보면 나 자신이 얼마나 교만했는가? 그동안 교회에서나 직장에서나 가정에서나 얼마나 높은 대우를 받았는지 모른다. 주로 대접받는 위치에 있었다. 배우기보다는 가르치는 위치에 있었다. 너무도 많은 감투를 쓰고 알게 모르게 높임을 받고 가르치는 자리에 익숙해져 있었다.

그러나 하나님께서 은혜를 베푸셔서 D 교회에 출석하게 됐고, 나 자신이 얼마나 교만한가를 깨우쳐 주셨다. D 교회에서 백의종군하며 배우는 자의 자리에 앉게 되면서 한없이 교만해져 있는 자신의 모습을 보게 되었다. 중학생이 초등학생 앞에서 으스대는 것이 좋게 보이지 않듯 나의 모습이 그런 모습이었다. 깨우쳐 주신 하나님께 그저 감사할 따름이다. 사도 바울은 "내가 이미 얻었다 함도 아니요 온전히 이루었다 함도 아니라 오직 내가 그리스도께 잡힌 바 된 그것을 잡으려고 좇아가노라(빌립보서 3:12)."라고 하지 않았는가? 어느 성자도 말하기를 기독교의 가장 중요한 덕목은 첫째도 겸손이요, 둘째도 겸손이요, 셋째도 겸손이라고 말하지 않았던가?

하나님은 겸손한 자의 소원을 들으시고(시편 10:17) 겸손한 자를 구원하시며(욥기 22:29) 겸손한 자에게 은혜를 베푸신다(잠언 3:34, 베드로전서 5:15). 우리의 주님이신, 더 이상 높을 수 없는 하나님이신 예수님, 그분조차 겸손하셨다면(마태복음 11:29) 하물며 우리랴? "오직 겸손한 마음으로 각각 자기보다 남을 낫게 여기라(빌립보서 2:3)."라는 말씀을 가슴에 깊이 새긴다. “다 서로 겸손으로 허리를 동이라(베드로전서 5:5).”라는 말씀대로 살기를 사모한다. 이것이 신앙의 길이며 복된 길이기 때문이다.

(1993년 6월 어느 날)

4. '나'도 준비 없이 그렇게 죽을 수 있다

"모든 육체는 풀과 같고 그 모든 영광이 풀의 꽃과 같으니 풀은 마르고 꽃은 떨어진다."라는 성경 말씀이 실감 난다. 순식간에 승용차 한 대를 처참하게 뭉크러뜨렸다. 운전 연습을 한다고 동생 차를 몰다가 그렇게 되었다. 그저 멍할 뿐이었다. 그 가운데 머리에 스쳐 가는 생각은 '이렇게 죽기도 하는구나!'라는 생각뿐이었다. 이렇게 죽는다면 얼마나 허망한가? 그러나 그럴 수도 있다. 인생이 무엇인가? 성경의 표현대로 잠깐 나타났다 사라지는 아침 이슬이 아닌가?

어제는 P 고등학교에서 함께 근무했던 M 선생이 가족과 함께 온천에 다녀오던 길에 교통사고로 아내와 자식들을 잃었다는 소식을 들었다. 그것도 남의 잘못이 아니라 자신이 중앙선을 침범하여 운전하다가 그런 참변을 당했다는 것이다. 그는 그런 일이 자신에게 일어날 수 없는 남의 일로 생각했을지도 모른다. 그러나 아차 하는 순간에 상상도 못 했던 그 끔찍한 일이 자신의 일이 되고 말았다.

유형은 다르지만, 한마디 유언도 남기지 못하시고 졸지에 세상을 떠나신 아버지의 시신 앞에서 엉뚱한 생각을 한 적이 있다. 불치병에 걸려서 오랫동안 병석에 누워 고생하다 세상을 떠나는 분들은 인생을 차근차근 정리하며 죽음을 준비할 수 있는 기간이 비교적 있기 때문에 육신은 고통스럽지만, 오히려 복될 수도 있겠다는 생각이다. 너무 엉뚱한가? 그분들과 그 가족들에게는 죄송하지만, 또 자신과 자신의 가족이 그렇다면?….

종말은 언제 올지 모른다. 개인적 종말이든지 인류의 종말이든지 믿는 자들에게는 모두가 다 고통의 끝이다. 온전한 행복이 시작되는 기점이기에 오히려 감사할 일이지만, 준비 없이 그저 졸지에 맞이하는 종말이란 얼마나 허망하고 당혹스러운 일인가? 종말이 그렇게 올 줄 알았다면 좀 다르게 살았을 것이다. 그렇게 종말이 올 수도 있음을 미리 실감하면서 순간순간 종말을 사는 자세를 취한다면 좀 더 가치 있는 삶을 살 수 있지 않을까?

종말처럼 무엇이 먼저 할 일이고, 무엇이 더 중요한지를 쉽고 명확하게 판단하도록 해 주는 것도 없을 것이다. 항상 종말을 사는 심정으로 산다면 더욱 신실하고 정직하게, 더욱 순수하고 진지하게 지금보다 훨씬 가치 있는 삶을 살 것이다. 헛된 욕심 버리고 하늘의 것을 더욱 사모할 것이다. 이 마음이 무디어지지 않기를! 운전대에 부딪힌 오른쪽 팔이 아직도 아프다.

(1992년 1월 어느 날)

5. 차량 10부제 불이행 유감

급하게 차를 몰고 교문을 들어서는데 차량 끝 번호가 같은 차를 소유한 R 선생의 걸어가는 모습이 보인다. 오늘이 18일? 차를 돌려 나오는데 R 선생이 웃는다.

다른 사람들은 차량 10부제를 제대로 이행하지 않는다고 하더라도 나만은 꼭 지키겠노라고 마음먹었었다. 학생들과 동료 직원들에게 이미 자랑스럽게 공언하였다. 그뿐만 아니라 차를 구매한 이후 10부제를 어긴 적이 한 번도 없이 제대로 지켜왔다. 그러기에 나만은 지킬 것이고 지킬 수 있다고 생각했다. 이번 일을 통해 나 자신도 별수 없는 인간이라는 것을 알면서도 별수 있는 인간인 것처럼 착각하며 살아왔다는 것을 분명하게 보여주었다.

한 번 어긴 것도 어긴 것이다. 또 앞으로 얼마나 어길지 아무도 모른다. 자존심이 심히 상한다. 그러기에 "의인은 없나니 하나도 없다."라고 하나님께서 이미 말씀하시지 않았는가? 별 수 없는 자신을 별수 있다고 믿었던 것이 얼마나 어리석은가? 우리는 자신을 믿을 만한 존재라고 늘 착각하며 산다. 결코, 믿을 만한 존재가 아님에도 불구하고. 어쩔 수 없는 나를 인정하고 겸손하게 하나님을 바라보는 것이 옳다.

(1992년 3월 어느 날)

6. 그런 더럽고 추한 내용은 빼버렸으면

나는 그녀가 이끄는 대로 따라 들어갔다. 그는 나를 골방으로 데려가더니 세워 둔 채로 애교를 떨면서 “긴 밤을 하겠어요, 쇼트타임으로 하겠어요?”라고 물었다.

“긴 밤은 무엇이고 쇼트타임은 무엇이냐?”

“아저씨, 괜히 초짜처럼 시침 떼지 마세요. 이런 데 많이 다녀보신 분 같은데.”

그녀는 무던히도 못난 얼굴에 눈을 살짝 흘기며 교태를 부렸다. 내가 멍청히 서 있기만 하자 그녀는 “쇼트타임은 잠시 볼일만 보고 가시는 거고요, 긴 밤은 주무시는 거예요.”라고 일러주었다.

“아저씨, 긴 밤으로 하세요. 내가 서비스 잘 해드릴게요.”라며 두 손으로 옷자락을 잡으며 뺨에 키스하겠다고 덤볐다. 내가 몸을 틀며 “긴 밤으로 하면 돈이 얼마나 드느냐?”라고 물으니 3천 원만 달라고 했다. 아이스케이크 장사 밑천과 비상금을 다 털어 2천 기백 원을 주었다. 허둥지둥 싱겁게 끝나버렸다.

그녀는 팬티를 끌어 올리며 “맹물이구먼.” 하고 조소하는 표정을 지었다. 불결감이 쌓이고 가슴이 울렁거리며 속이 메슥거려 토할 것만 같았다. 아가씨에게 다른 방에 가서 자 줄 수 없겠냐고 물었다. 그녀는 똥그란 눈을 하면서 “왜 내가 싫으세요?”라고 물었다. 나는 “아니, 책이나 좀 보다가 잘까 해서 그런다.”라고 대답했다. 새벽에 다시 오겠다며 나가기에 다시 오지 않아도 된다고 하였다. 그녀는 얼굴이 활짝 밝아지며 나갔다. 아마 다른 상대를 골라 수입을 더 올릴 수 있게 되어 좋아하는 것 같았다.

나는 잠들려 애썼으나 잠을 이룰 수 없었다. 옆방에서 들리는 원색음들이 귀를 괴롭혔다. 인간이란 동물에 혐오감이 일어났다. '여자와 잔다는 것'이 그 갈망에 비해 너무나 무참하지 않은가?

K 목사의 『새벽을 깨우리로다』에 나오는 한 대목이다. 그는 예수님을 모르고 진리를 찾아 세상을 방황하던 시절의 모습을 숨김없이 이렇게 이야기하고 있다. 이 내용을 접하면서 이 부분은 좀 뺐으면 좋겠다는 생각을 한 적이 있다. 나만의 생각은 아닐 것이다. 그러나 이런 내용을 뺀다고 인간이 달라지는 것은 아무것도 없다.

성경에는 이보다 더 민망한 내용이 나온다. 창세기 18장을 보면 시아버지 유다와 며느리 다말이 성관계를 맺어 베레스와 세라를 낳았다는 내용이 나온다. 간음을 돌로 맞아 죽을 만큼 큰 죄로 여기는 성경에 시아버지와 며느리의 간음을 서슴없이 기록하고 있다. 더구나 예수님 족보의 맥을 잇는 자들이었음에도…. 사무엘 하 11장에는 다윗이 밧세바를 간음하고 그것을 은폐하기 위해 자기에게 충성을 다하는 밧세바의 남편 우리아를 전쟁터에 내몰아 죽도록 의도적으로 방치함으로써 간교하게 살인교사(殺人矯詐)한 내용이 나온다. 이스라엘 백성들이 누구보다도 추앙하는 다윗임에도 그의 죄악상을 너무도 구체적으로 숨김없이 기록하고 있다. 창세기 19장에는 롯의 두 딸이 아버지 롯을 술에 취하게 한 후 이틀에 걸쳐 돌아가면서 성관계를 맺었다는 내용이 나온다. 성경은 그가 존경받는 신앙의 위인이든 아니든 상관없이 인간의 추한 모습을 사실적으로 기록하고 있다. 그가 누구이든지를 불문하고 인간의 나약하고 어리석고 죄악 된 모습들을 적나라하게 기록하고 있다.

어찌 그럴 수 있는가? 이것이 성경이 다른 경전과 다른 점이다. 이것이 그리스도인과 세상의 위인과의 차이다. 성경은 어떤 특정한 사람의 위대함을 전하기 위하여 기록된 책이 아니다. 어떤 존경받는 사람의 권위나 체면을 생각하고 고려하여 쓴 책이 아니다. 성경은 하나님의 말씀이기 때문에, 성경 기자는 성경 속에 나오는 인물이 그와 특별한 관계가 있거나 존경하는 스승이거나 조상일지라도 그를 미화하거나 편파적으로 평가를 할 수 없었다. 성경은 오직 하나님만을 나타내기 위하여 성령께서 특별하게 계시하신 것이기 때문이다. 선지자들이나 사도들이 자신들의 어리석고 죄악된 행위들을 서슴없이 말했던 것도 자기 자신의 체면이나 위신이나 명예를 구하지 않고 오직 하나님의 영광을 구했기 때문이다.

진정으로 회개하지 못한 자는 아직도 자신의 체면과 위신과 자기 유익에 연연할 것이다. 자신의 체면에 연연하는 자는 진정으로 회개하지 않은 자일 수도 있다. 그는 하나님의 일을 생각하지 아니하고 사람의 일을 생각하는 자로서 "사탄아 물러가라."라는 책망을 면할 수 없다. 진정으로 회개한 자는 자신의 체면과 위신과 자기 유익에 관심이 없다. 오직 하나님의 일만 생각한다.

인간은 어쩔 수 없는 존재다. 누구든지 예외 없이 어리석고 연약하고 죄악된 모습을 가지고 있다. 이것을 인정하지 않고 어떻게 진정한 믿음을 가질 수 있는가? 무엇을 숨기고 무엇을 미화시키려는가? 누가 남의 죄악된 모습을 보고 자기는 의인인 것처럼 정죄할 수 있는가? 다만 교훈으로 받아들이는 자세만이 필요하지 않은가? 자존심을 버리고 자기 미화와 변명을 그치고 하나님 앞과 사람 앞에 솔직해야 한다. 형제의 연약함과 어리석음을 보고 겸손히 자기를 반성하고 오히려 그를 긍휼히 여겨 기도함이 마땅하다.

(1994년 4월 어느 날)

7. 선행과 그 보상에 대한 어린아이의 견해

퇴근하여 집에 들어서니 아내가 환한 표정으로 "희주가 좋은 일을 하였으니 칭찬 좀 해줘요."라고 말한다. 길에서 2만 원을 주웠는데 마을 방송을 통하여 주인을 찾아주었다는 것이다. 잘한 일이기에 칭찬을 했다. 그리고 선행을 격려하는 의미에서 양념 통닭을 사주었다. 그때 대뜸 제 오빠에게 하는 말이, 자기 때문에 통닭을 먹게 되었으니 자기에게 감사하란다. 자기가 착한 일을 했고, 그 결과 함께 통닭을 먹게 되었으니 오빠가 자기에게 감사하는 것이 마땅하다는 것이다.

유치원생 어린아이에게 어떻게 설명하면 쉽게 이해할 수 있을까? 물론 희주의 말에 전혀 일리가 없는 것은 아니다. 하지만 희주가 한 일은 선행이라기보다는 당연히 해야 할 일을 한 것뿐이다. 만일 그렇게 하지 않았다면 그것은 악한 일이다. 법에서도 그렇게 정해놓았다. 더구나 선행이 조건이 되어서 통닭을 먹게 된 것도 아니다. 통닭을 먹게 된 것은 순전히 부모의 은혜일 뿐이다. 따라서 감사해야 할 사람은 자신이고 그 대상은 부모다. 아무리 설명해도 알아듣지 못한다. 유치원생이기 때문이다.

신앙생활을 하는 이들에게도 이런 모습들이 많이 보인다. 기도와 봉사와 선행이 조건이 되어서 그에 대한 대가로 하나님께 보상을 받아야 한다고 기대한다. 유치하다. 하나님은 기도를 들어 주시지만, 기도의 대가로 응답하시는 것이 아니다. 그저 하나님의 은혜일 뿐이다. 물론 봉사와 헌신에 따른 상급을 약속하셨지만, 어떻게 봉사와 헌신이 상급을 위한 조건이 될 수 있는가? 상급은 다만 하나님의 은혜일 따름이다. 조건적 믿음을 가진 자에게 하나님은 얼마나 답답하시고 섭섭하실까?

많은 사람들이 자식들을 공부시키기 위해 일정한 성적을 올리면 그에 대한 대가로 보상을 한다. 그것이 어린아이에게 상당한 효과가 있는 것으로 이미 연구 결과가 나와 있다. 그러나 나는 받아들일 수 없다. 그리스도인으로서 하나님 앞에 두렵다. 그런 생각이 굳어진다면 부모의 은혜는 없어지고 자신의 노력에 대한 당연한 보상만 존재할 것이다. 그래서 요즘 신세대들은 감사가 없고 보상에 대한 불만만 쌓여 가는가? 그런 생각을 가지고 신앙생활을 한다면 하나님을 기쁘시게 할 수 없다. 그런 유치한 수준을 벗어나지 못한다면 진정한 신앙생활을 할 수 없을 것이고, 그는 구원과도 관계없는 자일 수도 있을 것이다.

"너희가 그 은혜로 인하여 믿음으로 말미암아 구원을 얻었나니 이것이 너희에게서 난 것이 아니요, 하나님의 선물이라. 행위에서 난 것이 아니니 이는 누구든지 자랑치 못하게 함이니라(에베소서 2:8~9)."

"이와 같이 너희도 명령받은 것을 다 행한 후에 이르기를 우리는 무익한 종이라 우리의 하여야 할 일을 한 것뿐이라 할지니라(누가복음 17:10)."

"그러나 나의 나 된 것은 하나님의 은혜로 된 것이니 내게 주신 그의 은혜가 헛되지 아니하여 내가 모든 사도보다 더 많이 수고하였으나 내가 아니요 오직 나와 함께하신 하나님의 은혜로라(고린도전서 15:10)."

(1994년 8월 어느 날)

8. 어겨도 되는 약속?

약속은 지키는 데 의미가 있다. 손해를 보더라도 상대방에 대한 약속은 지키는 것이 옳다. 자기 의사와 상관없이 강제로 이루어졌거나 불의한 약속을 제외하고는 약속은 지켜야 하지 않을까? 그런데 약속 중에는 별 부담 없이 지켜도 되고, 어겨도 별 부담이 없는(?) 약속도 있나 보다. 상대방이 약속을 어겨서 골탕을 먹어도 전혀 화를 내거나 따질 수 없고 그저 당해야만 하는 그런 약속도 있는가 보다.

K 학생은 교회에 나오기로 여러 번 약속했다. 그러나 번번이 약속을 어겼다. 학생부 지도교사가 아니라서 일부러 학생부 모임 시간에 맞추어 나가 눈이 빠져라 기다렸지만 그때마다 허탕을 쳤다. K 학생은 다른 약속도 늘 그런 식으로 어기는가? 평소의 학교생활로 보아서는 전혀 그럴 것 같지 않다.

한번은 어떤 여학생이 전도 편지를 받고 전화를 걸어 관심을 보였다. 그리고 만나기로 약속까지 했다. 그러나 그 약속은 지켜지지 않았다. H 선생님은 과거에 교회에 출석했으나 어떤 일로 실망하여 교회에 나가지 않고 있었다. 여러 번 권유했더니 다행히 교회에 나오기로 약속을 했다. 그를 위하여 간절히 기도하고 주일에 여러 차례 전화를 했다. 그러나 받지 않았다. 혹시나 하는 기대로 예배 시간에 눈이 빠지도록 기다려도 결국 나타나지 않았다. 그렇게 몇 주를 보냈다. 매주 '설마 이번 주에는 약속을 지키겠지?'라고 기대하며 전화를 하고 기다려도 매번 허탕이었다. 다른 약속도 그렇게 쉽게 하고 쉽게 어기는지 궁금하다. 마음이 씁쓸했다.

이러한 일은 전도 대상에게만 해당하는 것이 아니다. 신자와의 약속에서도 같은 모습이다. 신앙에 관한 약속은 더욱 철저하게 지켜야 할 것이 아닌가? 그런데 신앙에 관한 약속을, 그리스도인이라고 여기는 자가 가볍게 어겨도 되는가? 왜 유독 신앙과 관련된 약속은 불신자나 신자나 그런 식일까? 웬 까닭일까? 신앙과 관련된 약속은 하찮은 것이란 말인가? 차라리 약속을 하지 않았으면 좋으련만. 왜 그리 가볍게 잊고 가볍게 어기는가? 신앙의 문제에 대해서는 왜 진지하게 대하지 못할까? 영혼의 문제를 가볍게 여기는 자들을 하나님께서 어떻게 여기실까?

육에 속한 사람은 신앙이 미련하게 보이고 그 가치를 모르기 때문이라고 성경에서는 답한다(고린도전서 2:14). 그 가치를 안다면 그렇게 우습게 여기겠는가? 분간하지 못하는 미련한 마음이 어두워져서 참된 가치를 보지 못하기 때문임이 틀림없다(로마서 1:21). 그들에겐 십자가의 그리스도가 미련하게 보이기 때문에(고린도전서 1:23) 신앙에 대하여 진지하게 생각하지 못하는 것이 아닐까? 그렇지 않다면 신앙에 대한 약속을 이처럼 가볍게 여길 수가 있겠는가?

그들도 자기들의 생각과 태도가 얼마나 미련한 것인가를 깨달을 때가 있을 것이다. 그때까지 계속해서 인내하며 반복하여 복음을 전하고 가르쳐야 한다. 먼저 믿는 우리의 할 일이 바로 그것이다. 실상은 우리도 믿기 전에, 복음의 가치를 알지 못하는 그들과 다를 바 없었다.

"하나님의 지혜에 있어서는 이 세상이 자기 지혜로 하나님을 알지 못하는 고로 하나님께서 전도의 미련한 것으로 믿는 자들을 구원하시기를 기뻐하셨도다(고린도전서 1:21)."

하나님께서는 복음 전도를 믿음으로 받아들이는 사람들을 구원하신다. 이 사실을 알고 이 일에 부름을 받은 우리는, 비록

복음을 가볍게 여기고 신앙에 관한 약속을 우습게 여기는 자들이라고 하더라도 그들을 향하여 포기하지 않고 나아가야 한다.

(1993년 7월 어느 날)

9. 어느 대학교수의 부친 살해 앞에서

수백 억 대의 재산을 소유한 금룡학원 김용진 이사장을 살해한 범인이 다름 아닌 그의 장남이자, 서울 모 대학 교수인 김성복 씨로 밝혀졌다. 박한상 군의 부친 살해 사건 당시에 떠들썩했던 것처럼 이번에도 매스컴마다 대서특필하며 각계각층의 처방이 쏟아져 나오고 있다.

그가 명문대를 수석으로 입학했고, 외국에서 박사학위까지 받은 현직 대학교수라는 점에서 더 큰 충격을 준다. 그가 대학교수로서 학문연구에 전념하는 대신에 물질에 눈이 어두워 사업에 손을 댔다는 점도 용납하기 어려운 일인 데다 사업의 부채를 해결하기 위해 자신의 아버지를 살해했다는 사실은 더욱 용납할 수 없다.

그가 부친을 살해한 또 다른 이유는 전 재산을 학교법인에 기증하겠다는 아버지의 뜻에 대하여 불만을 품었기 때문이라고 한다. 재산 모두를 공익사업에 출연했을 경우라도 자녀들은 민법상 '유류분(遺留分)' 제도로 인해 법정 상속분의 반을 나누어 가질 수 있다는 것을 경제학을 전공한 그가 모를 리가 없다.[1] 결국, 수십억의 재산도 양에 차지 않아 그런 끔찍한 죄악을 저지른 것이다. "욕심이 잉태한즉 죄를 낳고 죄가 장성한즉 사망을 낳는다."라는 야고보서 1:15의 말씀을 곰곰이 되짚어보아야 할 것이다.

그는 범행 이틀 전에 흉기와 작업복을 청계천에서 구매하고 건물 철제 자물쇠도 새로 구매하는 등 치밀한 살인계획을 세웠다고 한다. 또 오사와 아리마사의 『상속자』, 마이클 크라이트의 『추적』 등 추리소설을 탐독하면서 완전범죄를 계획했다고 한다. 그뿐만이 아니다. 범행 전 알리바이를 조작하기 위해 당일 저녁 집 근처에서 동료 교수들과 술을 마시며, 그사이 잠깐 틈을 타서 5층 출입문을 열어 부친을 살해하고 유명한 변호사 모 씨를 선임하기까지 했다고 한다. 우발적인 범죄가 아니라 철저하게 계획되고 준비된 범죄였다. 그러나 그 모든 것이 만천하에 드러나고 말았다.

---

1) 수감 중이던 그는 지난 2016년 2월 감형돼 출소했다. 그해 6월 그의 어머니는 D 고와 D 중·여고를 운영했던 학교법인의 운영권을 130억 원에 대기업 회장 일가에 팔았다. 학교법인 매각 5개월 뒤인 11월 그의 어머니는 호텔 사우나에서 심장마비로 생을 마감했다. 그 가운데 그에게 직접 증여된 돈은 76억 5,000만 원이었다(중앙일보, 2018.07.13, 종합 10면).

그의 집 거실에는 '모범가정' 상패가 놓여 있고, 그는 "아버지를 존경했다."라고 했으며, 효자로 알려져 있었다니 어리둥절하다. 이 모든 것보다도 더 큰 충격은 박한상 군에 이어 그도 기독교 신자라는 사실이다. 그는 보통 기독교인이 아니었다. 불교에서 기독교로 개종한 사람이다. 불교 신자였던 아버지의 강요도 거절하며 심하게 싸웠을 만큼 기독교에 대한 신념이 강했던 사람이었다.

'지성인의 대표'라고 불리는 대학교수가 모두 지성적이지 않듯이, '죄를 미워하며 죄에서 자유롭게 된 자'라는 기독교인이 죄로부터 자유롭지 않다는 것을 단적으로 보여주는 사건들이다.

소설가 양귀자 씨는 이렇게 탄식했다.

> 우리는 이미 극대치의 혼돈 속에 놓여 있다. 이 세기말적인 혼돈에서 빠져나올 방법은 없는가? 경악을 금치 못하는 사건들을 만날 때마다 터져 나오는 개탄과 분노와 비난은 너무 일회적이다. 그것만 가지고는 혼돈의 악순환에서 벗어나기는 너무 어렵다. 이제는 근본적으로 다른 출구를 모색해야 할 때가 절대적으로 다가온 시기다. 이 어려운 숙제를 어찌 단숨에 풀 것인가? 우리 누구나 개탄할 수는 있다. 비난하고 절망하며 분노할 수는 있다. 그게 반복되면 두꺼운 무감각의 껍질 속으로, 더 깊은 혼돈 속으로 빠져들 수밖에 없다.

그의 말대로 근본적으로 다른 출구를 모색해야 할 때가 절대적으로 다가왔다. 많은 전문가가 이러한 패륜이 황금만능주의에서 기인한 것이기 때문에, 올바른 가치관을 심어주는 교육과 물질적 욕망을 절제하는 훈련을 통하여 바로잡을 수 있다고 주장한다. 그들의 처방은 옳다. 그러나 그 정도의 처방은 전문가가 아니라도 내릴 수 있다. 문제는 그러한 처방이 어떻게 가능한가에 있다. 더욱 큰 문제는 그런 처방이 문제의 근본을 해결할 수 있겠는가이다. 도덕(윤리) 교육 시간을 몇 배로 늘려 가치관·인성 교육을 강화하고, 물질적 욕망을 절제하는 훈련을 철저히 시키며 어른들이 모범을 보이면 과연 그 문제가 해결될 수 있을까? 만일 그렇게만 할 수 있다면 문제가 많이 완화될 수 있을 것이다. 그러나 그것은 불가능에 가까울 만큼 매우 어려운 일이다.

아무리 철저하게 교육하고 훈련을 시킨다고 하더라도 현대 산업사회의 구조 속에서 그 문제의 해결이 가능하다고 생각할 사람은 없을 것이다. 올바른 가치의 기준조차 없지 않은가? 프로타고식의 철저한 상대주의와 미국식 실용주의에 깊이 물든 자들이 무엇을 어떻게 하겠다는 것인가? 하나님의 실존과 주권을 부정하고, 절대적 가치를 부정하는 자들에게 무엇을 기준으로 교육하고 훈련을 시킨다는 것인가?

모든 것을 상대주의적, 실용주의적 관점에서 보는 한 아무리 도덕 교육, 인성 교육을 강조하고 물질적 욕망의 절제를 훈련한다고 하더라도 문제의 근본적 해결은 요원(遙遠)하다. 속지 말아야 한다. 절대적 존재의 실존을 믿지 않고 절대적 가치의 실재를 거부하는 자들에게는 도덕의 힘이 형편없이 나약(懦弱)할 수밖에 없기 때문이다. 또한, 도덕적 판단의 기준이 되는 양심은 집단 무의식일 수밖에 없고 이러한 프로이드식의 사회적 양심은 어쩔 수 없이 집단 이기주의를 극복할 수 없는 한계를 지니기 때문이다. 하나님의 실존을 믿는 신앙과 절대적 가치의 실재를 전제하지 않는 한 어떤 가치관 교육도 의미가 없음을 겸허히 받아들여야 한다. 그렇지 않은 한 어떤 출구도 없음을 인정해야 할 때가 되었다.

(1995년 3월 어느 날)

10. 월드컵 축구 열풍

지난 토요일, 아침 보충수업을 하기 위해 평소보다 일찍 출근하였다. 그러나 보충수업을 할 수 없었다. 교사고 학생이고 불문하고 모두 그날 아침에 방영되는 월드컵 축구 시청에 온통 관심이 집중되어 있었기 때문이다. 그래서 그날은 퇴근 시간 이후에도 보충수업이 계속되었다. 이와 같은 사정은 다른 학교들도 마찬가지였다고 전해진다. 저녁 뉴스를 들으니 학교뿐만 아니라 관공서와 회사들까지도 마찬가지였다고 한다. 매스컴마다 특집 프로그램을 마련하였고 특별히 토요일과 주일에는 온통 월드컵 축구에 관한 내용으로 채워졌다. 만나는 사람마다 월드컵 축구에 관한 이야기를 빠트리지 않았다.

우리 팀이 골을 넣었을 때는 정말 눈이 시큰했다. 많은 사람들이 감격하여 눈물을 흘렸다. 축구가 끝나고 교실에 들어가니 그 감격을 진정하지 못해 수업이 제대로 이루어지지 못했다. 열성 축구팬들은 다른 나라 간의 경기도 꼬박 챙겨서 시청한다.

밤을 새우면서까지, 다음 날의 생활에 지장을 주면서까지 축구 경기를 시청하는 사람들도 많다. 월드컵 축구 열풍이 전국을 휩쓸고 있다. 이런 현상은 우리나라만의 일은 아닌 모양이다.

도대체 무엇이 사람들을 이렇게 월드컵 축구에 미치게 하는가? 이런 현상이 과연 정상적이고 바른 것일까? 대부분의 학교가 정상적인 수업을 뒤로 미루고, 대부분의 직장에서 일을 놓은 채 열광할 만큼 그것이 그렇게 중요한가? 밤을 새우면서까지, 아니 다음 날의 생활에 지장을 주면서까지 시청해야 할 만큼 그리 대단한 것인가?

우리 팀이 이기는 것은 물론 기쁜 일이다. 감격하여 눈물을 흘리는 것이 이상한 일이 아니다. 도저히 가망이 없는 것 같은 상황에서 후반을 얼마 안 남겨놓고 연거푸 두 골을 넣어 강팀과 비겼으니 어찌 감격스럽지 않겠는가? 정말 가슴이 후련하다. 그 감격은 쌓인 스트레스들을 한꺼번에 풀어줄 만하기도 하다. 그러니 열광하지 않을 수 없다. 이러한 일들은 민족애를 일깨워주는 산 교육장으로서 매우 큰 가치가 있다. 그러나 하루 전만 해도 핵전쟁에 대한 위기감에 경쟁적으로 비상용품들을 사재기하지 않았는가? 그런 마당에 하루아침에 그 모든 것을 까마득히 잊은 것처럼 만사 제쳐놓고 그렇게 열광할 수 있는가? 좀 지나친 게 아닐까?

그리스도인들이 민족의 어려운 때를 놓고 월드컵 축구에 마음을 쏟을 만큼이라도 함께 마음을 모아 만사 제쳐 놓고 하나님 앞에 통회 자복하며 하나님의 긍휼을 구해볼 수는 없을까? 모든 그리스도인이 이 민족의 부정과 부패, 부도덕을 추방하기 위하여 힘을 모을 수는 없을까? 구원의 문제를 놓고 온통 매달릴 수는 없을까? 월드컵 축구 열풍보다 몇십 배 더 뜨거운 회개와 구원의 열풍이 온 나라를 휩쓰는 그 날이 빨리 오기를 기도한다.

(1994년 6월 어느 날)

11. X세대 P를 사랑하게 하소서

평소 외면하던 P가 인사를 한다. 몇 달 전 수업시간에 그가 말대답을 하기에 나무란 적이 있었다. 그때 그는 입을 삐쭉거리며 얼굴이 울그락불그락 불손한 태도를 보였다. 그래서 교무실로 불러 꾸짖으니, 뿌루퉁하여서 하는 말이 원래 자기 습관이 그렇다는 것이다. 그는 전부터 자기 기분에 맞지 않으면 삐쭉거리는 일을 반복해왔고 수업 중인데도 옆 학생들과 잡담하는 일을 서슴지 않았다. 교사로서, 특히 담임으로서 몹시 기분이 상했지만, 체벌로 고쳐질 일이 아닐 것 같아서 꾹꾹 입술을 물고 참아왔다. 그러나 도저히 더 이상 참을 수 없어서 꾸짖었는데, 그 후로 그는 수업시간마다 고개를 숙이고 아무런 반응도 보이지 않았고 복도에서 만나도 외면하거나 딴청을 피웠다.

그런데 오늘 그가 인사를 했다. 심경에 무슨 변화가 생긴 것도 아닐 것이고 사람이 달라진 것도 아닐 터인데 그렇게 한 것을 보면 뭔가 아쉬운 것이 있어서가 아닐까라는 생각이 들었다. 중간고사 점수가 자기가 계산한 것보다 적게 나와서 확인하고 싶었던 것이다. 그런데 그 눈빛이 이상하리만큼 의심의 빛이 역력했다. 아니나 다를까 오답에 대하여 자세히 설명해주었지만 틀린 답을 쓰고도 정답이라고 우긴다. 자기만 미워해서 정답을 썼는데도 오답으로 채점한 것으로 생각했는지 다른 학생들의 답안까지 확인하려 했다. 기가 막히는 일이다. 어떻게 다른 학생의 답안을 확인해 달라고 요구할 수 있는가? 의심을 풀어주기 위해 그런 무리한 요구조차도 들어주었다. 원하는 대로 확인을 해주었는데도 미안해하거나 사과 한마디 없이 못내 서운한 듯 돌아갔다.

그의 부모는 모두 대학을 졸업한 지성인이고, 그의 가족은 모두 기독교인이며 그의 성적은 월등하지는 않지만 상위권이다. 그는 또 선도부원이며 복장도 단정하고 수업 준비도 잘 해온다. 그는 외적인 기준에서 보면 결정적인 실수를 하거나 불량 학생은 아니다. 그런 그를 어떻게 가르칠 수 있을까? 오늘처럼 교사가 초라해 보인 적이 없다. 나 자신이 그렇게 무력해 보인 적이 없다. 지식 이외에는 무엇 하나도 그를 가르칠 수 없는 자신이 너무 한심하다. 그동안 그 애가 너무 미워서 수업에 들어가기조차 싫었다. 당연히 수업 분위기는 딱딱해질 수밖에 없었고, 그로 인하여 여러 번 하나님 앞에 기도했다. 지금은 그를 미워하는 마음이 많이 누그러졌다. 그러나 그를 감싸주고 바르게 자라도록 적극적으로 도와주지는 못하고 있다.

그는 버릇없고 감각적이고 참을성 없는 전형적인 X세대다. 자기 기분대로, 자기 이익대로 살아간다. 자기중심적이고 자기 주장만 한다. 젊은 세대들의 일반적인 경향이다. 그가 유독 눈에 띈 것뿐이다. 이들을 어떻게 포용하고 사랑하며 믿음으로 도와줄 수 있을까? 하나님과의 관계도 거부하고 이웃과의 관계도 거부하며 다만 인간의 자유, 개인의 자유만을 선택한 세대. 그래서 교회를 다녀도 하나님은 없고 절대적 가치도 없으며 예의도 없고 자기밖에 모르는 그들을 어떻게 가르칠 것인가? 새벽마다 기도한다. "오늘도 저들을 이해하고 포용할 수 있게 하사 저들의 영혼을 일깨울 수 있도록 지혜와 힘을 주시옵소서."

(1994년 10월 어느 날)

12. 어린이 독서 유감(有感)

책 외판원들이 가정과 직장으로 심심찮게 방문한다. 그중에는 성인 도서도 있지만, 대부분은 아동 도서, 특히 취학 전 아동 도서들이다. 호화 양장에 비싼 가격의 책들이지만 대부분의 주부는 아낌없이 구매한다. 자녀들을 훌륭하고 똑똑하게 키우기 위해서 거금이지만 다른 데 쓸 것을 아끼고 절약해서라도 기꺼이 투자(?)한다. 자녀들을 훌륭하고 똑똑하게 키우고 싶은 것은 어느 부모든지 다 원하는 것일 거다. 자녀들을 훌륭하고 똑똑하게 키우기 위해 좋은 책들을 보다 많이 읽히는 것은 참으로 좋은 일이다. 어떻게 하면 이러한 목적을 이룰 수 있을까?

우선 어린이의 수준에 어울리는 책을 선택해야 한다. 전문가들에 의하면 1~2세의 유아기(乳兒期)에는 어머니의 자장가와 같은 자장 이야기를, 3~4세의 유아(幼兒) 전기에는 반복어가 포함된 전래동요를, 4~5세의 유아(幼兒) 후기에는 의성어와 의태어가 많은 이야기를, 6~8세 아동은 『미운 오리 새끼』

나 『인어공주』와 상승 모티브가 있는 모방적 상상의 세계를 그린 판타지(fantasy)를, 9~11세에는 합리적 사고가 형성되므로 우화, 신화, 영웅전, 혹은 모험 소설 등을 추천해 주는 것이 바람직하다고 한다. 그들은 어린이의 발달단계를 무시한 독서는 오히려 해가 된다고 충고한다.

한국교육개발원 선임연구원인 남미영 박사에 의하면 현재 시중에 출판된 유아 및 취학 전 어린이 도서로 선정된 『이솝우화』가 3~4세용으로 구분되어 있다. 발달 단계상 3~4세는 유아기에 속하는데, 상징이나 함축을 이해하지 못해 우화에 자주 등장하는 이기적인 주인공의 비참한 결말을 즐기는 보복적 가치관을 형성하게 되거나 성격을 우울하게 만들고 절망적 미래관을 길러주게 된다고 한다. 특히 출판계에서 우화, 판타지, 옛날이야기 등을 주로 다뤄 취학 전 아동 도서로 편집하는데 3~4세의 아동들에게 판타지 동화를 사용하게 되면 어려서부터 환상과 현실을 구분하지 못해 문제를 일으키게 된다고 한다. 판타지를 즐길 수 있는 연령은 대체로 6~8세의 아동(초등학교 1~4학년)이기 때문이다.

또 하나는 내용을 반드시 검토해서 선택해야 한다. 전문가가 지적한 대로 계모와 사는 아이에게는 『콩쥐 팥쥐』나 『백설 공주』

등을 읽힌다면 마음에 깊은 상처를 줄 수 있다는 것이다. 9~11세에 적당한 영웅전도 태어날 때부터 비범하고 천재적인 인물의 주인공일수록 아동들에게 시련 극복이 주는 기쁨을 반감시키고 노력의 동기를 제공하지 못해 오히려 체념하게 하므로 도리어 해가 될 수 있다는 것이다.

전도서 3:1을 보면 이렇게 나와있다.
"천하에 범사가 기한이 있고 모든 목적이 이룰 때가 있나니."

(1994년 10월 어느 날)

13. 조기교육 유감(早期敎育 有感)

아직 돌도 지나지 않은 조카에게 조기교육을 시켜야 한다고 장사치들이 난리라고 한다. 그들은 여러 가지 책들이며 기구들을 가지고 별의별 감언이설(甘言利說)로 부추긴다고 한다. 심지어 "부모가 되어서 자녀에게 그렇게 무관심해서야 되겠느냐?"라고 책망(?)도 하고, "신세대 어머니가 그렇게도 조기교육에 무관심해서야 되겠느냐?"라고 자존심을 건드리기도 한다니 한심하다. 검증되지도 않은 조잡한 자료들을 만들어서 온갖 상술로 젊은 아기 엄마들을 유혹하고 있다니 심히 우려된다. 더 우려되는 것은 그런 상술과 이론에 젊은 부모들이 쉽게 넘어간다는 것이다. 자녀교육에 대한 과도한 욕심 때문이 아닐까? 그러면 조기교육의 내용이 무엇인가? 고작 단순한 감각 훈련이거나 이해하지도 못할 지식 나부랭이를 반복적으로 암기시키는 일이 대부분이 아닌가?

최근 미국의 플로리다대학이 학과공부 우선 학교와 전인교육 우선 학교와 이 두 학교의 중간 과정을 갖춘 일반 학교 등 3종류의 학생들의 성장 과정을 7년에 걸쳐 연구 관찰한 결과, 전인교육 우선 학교 출신들이 상급학교로 갈수록 성적이 높아지고 학교생활이 정상적이었다고 한다. 유대인들은 전 세계 노벨상 수상자의 30% 이상을 차지하고 있다. 그들이 자녀들을 어떻게 교육하고 있는가? 그들은 지식교육이나 기능교육에 앞서서 신앙교육, 도덕 교육, 가치관 교육, 인간관계 교육을 먼저 한다고 한다.

인천세무서 세금 횡령, 온보현 연쇄살인, 보복 살해범, 성수대교 붕괴, 충주호 유람선 화재, 수많은 교육청의 세금 횡령, 지존파 사건 등 연달아 일어나는 극악한 사건들은 무엇을 말해주는가? 지식과 기능 위주의 조기교육에 힘쓸수록 이 사회는 이기주의와 물질만능주의와 쾌락주의와 과학 만능주의가 판치는 더욱 살벌한 사회가 되고 말 것이다. 무엇이 더 중요한가? 진지하게 생각할 때가 되었다.

"모세가 이 모든 말씀을 온 이스라엘에 말하기를 마치고 그들에게 이르되 내가 오늘날 너희에게 증거한 모든 말을 너희 마음에 두고 너희 자녀에게 명하여 이 율법의 모든 말씀을 지켜 행하게 하라. 이는 너희에게 허사가 아니라 너희의 생명이니 이 일로 인하여 너희가 요단강을 건너 얻을 땅에서 너희의 날이 장구하리라(신명기 32:45~47).”

“또 아비들아 너희 자녀를 노엽게 하지 말고 오직 주의 교양과 훈계로 양육하라(에베소서 6:4).”

“여호와를 경외하는 것이 지식의 근본이거늘 미련한 자는 지혜와 훈계를 멸시하느니라(잠언 1:7).”

(1994년 10월 어느 날)

14. 불법 쓰레기와 무신론

무심결에 보니 깨끗이 세차한 고급 승용차에서 비싸 보이는 청색 양복에 빨간 넥타이를 맨 신사가 쓰레기가 가득 찬 커다란 검은색, 노란색 비닐봉지를 길옆에 팽개치고 주위를 살핀 후 조용히 떠난다. 쓰레기 종량제가 시행되면서 나타난 현상이다.

그가 학부형으로 담임교사를 만나러 왔다면 매우 양심적인 인격자로 나타날 것이다. 오후 2시 대낮에 사방을 두리번거리면서 양심에 꺼리는 일을 한 죄인처럼 나타나지는 않을 것이다. 아니 불법 쓰레기를 그런 식으로 버리는 사람을 보았다면 한마디 충고를 하거나 적어도 그것을 정당한 것으로 말하지는 않았을 것이다. 일말의 양심이라도 있다면 그런 행동에 대하여 자랑스럽게 여기지는 못할 것이다.

관급 규격 비닐봉지 100리터짜리가 650원이라고 하니 그 신사가 버린 쓰레기는 넉넉잡아 그 봉투로 두세 개면 충분하다.

그렇다면 그 신사는 2,000원도 안 되는 가치에 자신의 양심을 팔아넘긴 셈이다. 깨끗하게 세차한 고급 승용차를 탄 데다 비싸 보이는 청색 양복에 빨간 넥타이를 맨 신사가 그런 행동을 한다는 것은 쉽게 상상할 수 없을 것이다.

쉽게 양심을 파는 세대다. 물질 앞에서 양심 따위는 하잘것 없다. 무의식 가운데 그런 세태에 휩쓸리고 있는 자신을 볼 때마다 부끄럽다. 그 신사처럼 돈 몇 푼 때문에, 아니 액수에 상관없이 불법으로 쓰레기를 버리는 것을 아무렇지도 않게 여기는 사람들을 보면서 자신도 모르게 욕하면서 닮아가려고 한다.

우리의 생사화복을 주관하시는 하나님께서 우리의 일거수일투족을 알고 계시며 마음의 생각까지도 헤아리고 계시다는 것을 안다면, 적어도 그리스도인은 아무리 물질적으로 큰 이해관계가 달려있다고 하더라도 양심을 속이며 행동하지는 않을 것이다. 사람들이 보거나 보지 않거나 어떤 상황에서도 바르게 양심적으로 살려고 힘쓸 것이다. 그런 의미에서 절대적 존재이신 하나님의 실존을 믿지 않는 자에게는 도덕률은 무력할 수밖에 없을 것이다. 우리 사회에 부정부패와 죄악, 비양심적인 일들이 끊이지 않는 것은 도덕률이나 법이 없어서도 아니고 도덕과 법에 대한 교육이 부족해서도 아닐 것이다. 다만 절대적 존재이신 하나님의 실존을 믿지 않기 때문일 것이다. 이 말은 단지 교회에 다니는 사람들이 많지 않아서란 의미가 아니다. 한국의 기독교인이 최소 900만 명에서 최대 1,200만 명이라고 한다. 결코, 적은 수가 아니다. 하지만 그 가운데 실천적 무신론에 가까운 명목상의 신자가 많다. 교회 안에서조차도 무법과 비양심이 판을 칠 정도다. 결국, 무법과 비양심을 해결하는 길은 무신론자, 실천적 무신론자들이 줄어드는 것. 다르게 말하면 절대적 존재이신 하나님의 실존을 믿는 참된 신자들이 늘어나는 것 이외에는 다른 대안이 없다. 도덕과 법, 그리고 교육은 단지 보조적인 수단에 불과할 뿐이다.

(1995년 2월 어느 날)

무슨 재미로 사세요?

1. 무슨 재미로 사세요?

"윤 선생은 무슨 재미로 사세요?"

술도 안 마시고 담배도 안 피우고 화투나 바둑도 하지 않고 그렇다고 특별한 취미 생활도 없이 무슨 재미로 사느냐는 것이다. 종종 듣는 질문이다.

"글쎄요."

그냥 웃어넘긴다. 한마디로 간단하게 그들이 이해하도록 대답할 말을 찾을 수 없기 때문이다.

실제로 대부분의 사람들이 무엇인가에 대한 재미로 산다. 대부분의 사람들은 하는 일의 재미가 없어지면 삶에 대한 활력을 잃는다. 그래서 사람들은 무엇인가 재미, 낙(樂)을 누릴 수 있는 것을 애써 찾는다. 보통의 사람들은 낙(樂)이 없으면 삶이 권태롭고 맥없는 삶을 산다.

K 학교에 근무할 때의 일이다. S 선생은 퇴근 시간이 가까

워지면 별의별 이유를 다 만들어 술자리를 만든다. 수업이 없는 시간에 테니스를 치거나 탁구를 하고는 퇴근 시간이 되면 동료 직원들을 대동하고 술집으로 향한다. 웬만큼 취하면 이제 당구장으로 자리를 옮긴다. 그는 이런 재미로 세상을 사는 것 같다. P 학교에 근무할 때다. K 씨와 숙직할 때면 으레 혼자서 숙직할 각오를 한다. 급한 일로 집에 좀 다녀오겠다고 나가면 날이 훤히 샐 때쯤 나타난다. 이런 일은 거의 예외 없이 반복된다. 건강도 안 좋아 비실거리는 처지인데도 죽음을 무릅쓰고 밤새도록 화투를 즐긴다. 화투가 그에게는 인생의 낙(樂)인가 보다. 그는 어느 교회에 주일이면 빠짐없이 예배에 참석하는 분이다. 그리고 직분도 맡은 모양이다. G 학교에 근무할 때 Y 선생은 나에게 큰 충격을 주었다. 그는 시외전화는 철저히 직장에서 했다. 물론 공짜로. 그리고 통화 내용은 대부분 주식과 부동산과 사채 관리에 관련된 것들이었다. 그는 어떻게 해서든지 재산을 늘리고 늘린 재산을 자식들에게 물려줄 참이었다. 그는 사무 처리를 하든지, 인간관계를 맺든지, 사소한 대화 하나까지도 모두 돈과 관련되어 있었다. 그에게는 그것이 인생의 낙(樂)이 아닐까 생각된다. J 선생은 바둑을 얼마나 좋아하던지 담배 연기 자욱한 가운데 하루에도 몇 시간씩, 수업시간 이외는 대부분 시간을 바둑을 두는데 보냈다. 그는 퇴근 시간 이후에도 학생들의 야간학습을 지도한다는 명분으로 남아서 보통

밤 10시까지 바둑을 두었다. 가정생활은 어떻게 하는지 염려된다. 자식들과 아내는 불평이 없는지 궁금하다. 그렇게도 바둑이 좋은가? 그 재미로 사는 것 같다.

나는 무슨 재미로 사는가? 특별히 좋아하는 취미 활동이나 스포츠도 없다. 그래서 그런지 어떤 사람들은 그러면 교회 다니는 재미로 사느냐고 묻는다. 다른 사람들의 눈에는 그렇게 보일 수도 있겠다 싶다. 물론 그리스도인 중에 교회 다니는 재미로 사는 분들도 있다. 교회 다니는 것이 유일한 낙(樂)인 사람들도 있다. G라는 분에게는 교회에 다니는 것이 유일한 낙(樂)처럼 보인다. 특별한 직장도 없고 취미 생활도 없고 별다른 사회 활동도 없이 교회에서 살다시피 한다. 그래서 교회 다니는 것이 그분에게는 유일한 낙(樂)이 아닌가 생각된다. L이라는 학생은 학교에 있는 시간과 밥을 먹고 잠을 자는 시간 이외에는 거의 교회에서 보낸다. 그의 학교와 가정에서의 생활은 건성인 듯 보였다. 오로지 교회 오는 재미로 사는 것처럼 보인다. G 같은 분이나 L 같은 학생들이 의외로 많다. 아마 다른 종교단체에도 이와 같은 사람들이 적지 않을 듯하다. 그들에게는 종교 활동이 사회 활동이 주는 이상의 재미를 느끼게 하고 삶의 활력을 불어 넣어줄 것이다. 취미 활동이나 축제가 가져다주는 재미만큼이나.

"윤 선생은 무슨 재미로 사세요?"

"교회 다니는 재미로 사세요?"

무어라고 대답해야 후련할까? 차라리 이렇게 반문하고 싶다.

"인생을 재미로 사세요?"

"교회를 재미로 다니나요?"

이런 반문에 대하여 어떤 사람들은 불쾌하게 생각할지도 모른다. 또 어떤 사람들은 "그래도 무슨 재미가 있어야 하는 게 아니냐?"라고 따지듯이 반문할지도 모른다. 그러나 인생은, 신앙은 재미로 살기에는 너무도 무게가 있고 신성한 것이다. 어떻게 재미로 인생을 살며 신앙생활을 할 수 있는가? 이는 인생과 신앙에 대한 심한 모독이다. 우리는 인생과 신앙에 대하여 참으로 진지해야 한다. 물론 살면서, 신앙생활 하면서 부수적으로 재미를 느끼는 것은 전혀 나쁜 것이 아니다. 더 나아가 이왕이면 똑같은 일이라도 재미있게 하려고 노력해야 할 것이다. 그러나 재미로 할 것은 아니다.

인간이 재미로 하는 것은 오래가지 못한다. 왜냐하면, 곧 싫증을 느끼기 때문이다. 아무리 재미있는 것도 정도의 차이일 뿐 곧 싫증을 느끼게 되어 있다. 남편을 다섯 번 바꾼 여인의 갈증이 이를 잘 보여준다(요한복음 4:3~18). 전도서에서 솔로몬은 자기를 즐겁게 하려고 인간이 할 수 있는 모든 것을 다해 보았지만 결국은 헛됨을 알았다고 고백했다. 그는 사업을 크게 하고 집들을 짓고 포도원을 심으며 여러 동산과 과원을 만들어 꾸미고 못을 파고 노비를 사기도 하고 가축의 소유를 많게도 하였으며 수많은 보화를 쌓아놓고 노래하는 남녀와 처첩을 많이 두되 눈이 원하는 것을 금하지 아니하여 무엇이든지 마음이 즐거워하는 것들을 마음껏 누려보았지만, 이 모든 것이 무익한 것임을 알았다고 고백했다.

인생은 농담하듯이 가볍게 즐기면서 살기에는 너무도 소중하다. 현대인들은 인생을 농담하듯이 가볍게 즐기며 살려는 잘못을 범하고 있다. 재미로 산 인생은 반드시 그 모든 일에 하나님의 심판을 받는다(전 11:9). 인생은 진지하게 살아야 한다.

(1993년 9월 어느 날)

2. 너무 겸손하신 K 목사님

사정없이 질문을 퍼부어 대고 신랄하게 따지기만 하던 내가 K 목사님께 고개를 숙이게 된 까닭은 무엇인가? 첫 대면에서부터 K 목사님에게 어쭙잖게 기독교에 대하여 질문 공세와 비판을 퍼부었다. 고등학교 3학년 학생이 세상을 알면 얼마나 알고 인생에 대하여 알면 얼마나 알며, 더구나 하나님을 안다면 얼마나 안다고. 더구나 목사 앞에서. 빈 깡통에 돌이 몇 개 들어가 시끄럽기 짝이 없는 교만함에 K 목사님은 그저 "아, 그래요?"라고만 반복하시면서 굳이 해명하려 하지 않으시고 웃어 넘기셨다. 나는 나 자신이 너무 똑똑한 질문을 했기 때문에 답변을 못 하시는 줄 착각하고 개선장군 모양으로 의기양양하게 돌아왔다.

그 일로 인하여 다른 사람들에게서는 느낄 수 없었던 K 목사님의 겸손함 때문에 그분께 큰 매력을 느끼게 되었다. 첫 대면이 그렇게 이루어진 이후 예배 시간마다 줄곧 K 목사님을 뵈면서 그분의 인격 앞에 고개가 점점 숙여졌다. 고등학생인 나에게 90도로 깍듯이 인사하시고는 꼬박 존칭으로 이름을 부르며 안부를 물으시는, 머리가 희끗희끗 희어져 가는 K 목사님 앞에서 나는 자연히 고개를 숙일 수밖에 없었다.

그분의 설교는 언제 들어보아도 하나님의 사랑을 소곤대듯이 낮고 부드러운 목소리로 진행된다. 그러나 뜨거운 가슴으로 하는 설교다. 이따금 설교 중이나 찬송 중에 하나님의 은혜에 감격하신 듯이 울먹이시곤 하셨다. 그분의 설교는 논리적으로 잘 분석이 되어 듣는 이로 하여금 지적 쾌감을 느끼게 하는 예리한 설교도 아니고 해박한 지식으로 꾸며져 듣는 이들을 압도하는 설교도 아니며 감정을 불러일으켜 이성을 잃게 하는 부흥회식 설교도 아니다. 그러나 확신 가운데 말씀하시는 진실 된 메시지이기에 거기에는 지적, 논리적, 감정적 유희를 즐길 틈이 없는 오직 하나님의 사랑만 느낄 수 있는 설교다. 스피커가 터지도록 외치지 않아도 하나님의 말씀이 온전히 선포되는 설교다. 절대 혈기로 목소리를 높이지 않으시고 인위적으로 감정을 불러일으키지 않으시며 단지 하나님만 의지하는 겸손한 모습 그 자체가 귀한 하나님의 말씀이다.

K 목사님은 자기 과장이나 자기 과시의 욕심이 전혀 없으시다. 그분에게서 교인 수를 늘리고 웅장한 교회당을 건축하여 자기와 자기 교회(?)를 과시하려는 헛된 욕심을 찾아보지 못했다.

교회당 신축의 여론이 높아질 때도 아직 쓸 수 있는 건물이니 증축하자고 교인들을 설득하여 한쪽을 헐고 교회당을 늘렸다. 증축한 지 20년이 넘었지만, 아직도 그 건물을 사용하고 있다. K 목사님은 시내 원거리 특정 지역에서 출석하는 교인이 많아지면 그곳에 기도처를 만든 후 오후에 예배를 인도하시다가 어느 정도 자립할 정도가 되면 목회자를 파송하고 재정을 지원하여 교회를 개척하셨다. 그 주변에 그런 교회들의 수가 늘어나고 있다. 아무리 먼 곳이라 하더라도 모든 수단 방법을 통하여 자신이 담임하고 있는 교회로 성도들을 동원하려고 하는가 하면, 근처에 다른 교회가 세워지는 것을 어떻게 해서든지 막는 목회자들을 볼 때 그분은 너무도 대조적이다. K 목사님의 철저한 자기 부정에 고개가 숙여진다. 담임하고 있는 교회의 교인과 재정을 나누어 줄 수 있는 목회자가 얼마나 될까? 이 점에 있어서 개인과 단체의 자기 부정을 온전히 이룬 그분을 존경하지 않을 수 없다.

어떻게 해서든지 자기와 자기 교회를 과시하기 위해 안달인 세대 가운데 어떻게 그럴 수 있는가? 자기를 낮추시고 겸손히 하나님을 순종하셨기에 온전히 자기를 부정하실 수 있지 않으셨을까? 그분처럼 살고 싶다.

(1993년 9월 어느 날)

3. B 간사님 안에서 역사하시는 하나님

십자가의 감격이 바울에게 복음을 전하도록 했으며 십자가의 사랑이 그를 겸손케 했습니다. 바울은 그가 만나는 사람들에게 십자가가 나타나야 하는데 그렇지 못할까 봐 심히 두려워했던 것 같습니다.

"내가 너희 가운데 거할 때 약하며 두려워하며 심히 떨었노라(고전 2:3)."

이 말씀 앞에서 나는 나 자신이 부끄러워졌습니다. 바울 같은 사람도 약하고 두려워하고 심히 떨었다고 하였는데 나는 전혀 그렇지 않으니, 얼마나 십자가를 자랑하지 못하고 나 자신을 뽐내며 자신 있게 사는지요.

나는 다시금 십자가 앞에 못 박히신 예수님 그분을 내 마음의 왕좌에 모십니다. 그리고 바울처럼 십자가만을 자랑하고 십자가를 의지해야겠다고 작정했습니다. 사실 하나님은 이미 이 세상의 지혜를 미련케 하셨다고 하였지요(고전 1:20).

B 간사님 글 중의 일부다. 이 글을 대하면서 주님을 향한 B 간사님의 뜨거운 사랑에 감전되는 듯했다. 그분의 진솔한 심정이 공감을 불러일으킨 것이다. 눈이 시큰해질 만큼 심금을 울리는 그분의 신앙 고백적 메시지이다.

직접 그분에게서 신앙지도를 받은 적도 없고 개인적으로 깊은 교제를 나누지도 못했지만, 그분의 메시지를 통해서 그분의 훌륭한 신앙 인격을 엿볼 수 있다. 크게 외치거나 장황한 미사여구를 늘어놓거나 격한 감정을 불러일으키거나 논리정연하게 설교하지는 않지만, 너무도 진솔하고 겸손하게 하나님께로 인도하는 그분의 설교에 매번 사로잡힌다. 하나님 앞에 나 자신을 겸손하고 진실되게 세우는 계기가 되곤 한다. 그분의 설교가 사람을 움직이는 것은 그 설교가 공허한 논리나 감정으로부터 나온 것이 아니라 진솔한 삶의 고백에 바탕을 둔 '바울의 심정'으로부터 나온 것이기 때문이다. 그분의 삶을 깊이 접할 기회가 거의 없었지만 그분과 단 몇 번의 접촉은 분명히 그것을 보여주었다.

그러나 이보다 더 중요한 것이 있다. 그분의 삶을 하나님께서 인도하고 계시다는 것이다. 그분의 삶 구석구석에 하나님의 주관하심과 인도하심이 있다는 것이다. 성령에 사로잡힐 때, 말씀에 사로잡힐 때 우리의 삶은 능력 있는 삶이 될 수 있다. 사람을 변화시킬 수 있다. 사도 바울 안에서 역사하신 하나님, B 간사님 안에서 역사하시는 하나님께서 내 안에서도 역사하시기를 기도한다. 이 고난주간에 다시금 십자가에 못 박히신 예수님을 그분처럼 다시금 내 마음의 왕좌에 모신다.

(1992년 4월 어느 날)

4. 부끄러우나 감사한 이야기

"엄마, 제가 기도했어요." 20여 일 전 수원에 다녀오는 길에 늦어져 택시를 타게 되었다. 자정이 넘은 시간인지라 아이들은 무척 피곤하고 졸려 했다. 바로 옆에는 열 대가 넘는 택시가 줄지어 있었으나 택시기사들은 한결같이 승차를 거부했다. 장거리 손님을 기다리는지라 시내 손님은 거절하는 모양이다. 아이들을 데리고 어둡고 외진 길을 걸어가려면 족히 한 시간은 걸릴 거리라서 택시 잡는 것을 포기할 수도 없었다. 지나는 택시를 볼 때마다 "택시, 택시, 택시!"를 연발하기를 수십 번. 짜증이 난다. 체념 비슷한 마음으로, 서주리라는 기대를 저버린 채 택시가 지날 때마다 "택시!"를 연발한다.

그때 유치원생인 종섭이가 보도에 쭈그리고 앉아서 고개를 숙이고 있다. 피곤하고 졸려서 그러겠지 생각했다. 그쯤에 지금까지 느껴보지 못했던 감사한 마음으로 가까스로 택시를 잡았다. 그 택시기사는 승차를 거부하지도 더구나 할증요금을 받지도 않았다. 그뿐만 아니라 기대 이상 친절했다. 그런데 더욱 감사한 일이 있다. "엄마, 제가 기도했어요." 피곤하고 졸려서 쭈그리고 앉아있었던 줄 알았는데 기도하고 있었던 종섭이. 그저 부끄럽고 한편 눈물이 나올 만큼 감사했다.

"내가 진실로 너희에게 이르노니 누구든지 하나님 나라를 어린아이와 같이 받들지 않는 자는 결단코 하나님 나라에 들어가지 못하리라 하시니라(누가복음 18:17)."

조건과 이유를 따라 기도하며 하나님을 제한한 자신이 부끄럽다. 자신의 나약함을, 할 수 없는 자임을 인정하지 못하고 자기 힘과 노력을 의지하는 교만한 마음이 부끄럽다.

며칠 전에는 호우주의보까지 내려진 가운데 비가 억수같이 내렸다. 그날이 공교롭게도 종섭이가 다니는 유치원이 개학하는 날이어서 나와 아내는 걱정을 했다. 그런데 이게 웬일인가? 온몸이 비와 흙탕물로 범벅이 된 채 돌아온 종섭이는 "엄마, 엄마를 잘 보관(보호라는 표현을 그렇게 한 듯)해 달라고 기도했어요."라고 말하는 것이다. 우리는 기도하지 않는 자신들이 너무 부끄럽기도 하고 종섭이의 순수한 믿음에 감격스럽기도 하여 어안이 벙벙했다.

기도하지 않는, 기도하지 못하는 우리를 이런 방법으로도 깨우쳐 주시는 하나님, 너무도 감사하다. 항상 기도하고 기도에 응답해 주실 것을 믿으라고 주님께서 친히 말씀하시지 않았는가(누가복음 18:1)! 쉬지 말고 기도하라고 말씀하시지 않았는가(데살로니가전서 5:17)! 하나님의 특별한 은혜에 다시 한번 감사하며 감격한다.

(1992년 9월 어느 날)

5. 종섭이의 성장이 주는 교훈

종섭이의 자라는 모습을 보면 대견스럽다. 어버이날이면 부모를 제법 생각하고 염려하는 내용의 편지를 쓴다. 이제는 음식이 더 먹고 싶어도 부모를 생각해서 덜먹기도 한다. 자기밖에 모르던 아이가 이제 부모도 알게 된 것이다.

자기밖에 모르는 사람을 흔히 애 같다고 한다. 아무리 나이가 들고 몸이 크고 자식이 많아도 자기밖에 모르는 사람은 유치해 보인다. 여러 학교를 나오고 많은 직분을 맡고 엄청난 업적을 쌓았다고 하더라도 자기 욕심과 자기 유익밖에 모르는 그리스도인은 그리스도의 초보, ABC를 벗어나지 못한 사람이다. 목사 안수를 받고 성경을 다 외우고 신학박사 학위를 받았어도 자신의 명예와 영광에만 연연하는 자는 신앙 안에서 젖먹이에 불과하다.

조이너의 한 여인의 변화에 대한 예화는 성장이 무엇인가를 잘 보여준다. 어린 소녀 시절에는 아침마다 아버지에게 그날은 자기를 위하여 무엇을 해주겠느냐고 물었으나 꼬마 숙녀가 되어서는 아버지와 함께 무엇을 할 수 있을까를 물었고 스무 살이 넘은 여성이 되어서는 아버지를 위하여 무엇을 해야 할까를 물었다는 얘기다.

늘 하나님께 드리는 기도의 내용이 무엇이었는지 생각해보면 부끄럽다. 아직도 자기 유익을 구하는 기도는 간절하지만 다른 사람을 위한 기도는 힘이 없기 때문이다. 관심의 초점이 무엇인가를 생각하면 아직도 교회, 공동체보다는 가정과 나를 먼저 생각한다. 어린아이의 티를 아직도 벗어나지 못한 것이다. 다 자란 양 착각할 때가 많다. 아내는 잘난 체하는 내 모습을 볼 때마다 "아직 멀었어!"라고 말한다. 그 말은 아내의 말이라기보다 분명 하나님께서 주시는 메시지이다.

(1994년 5월 어느 날)

6. 시어머니 길들이기

"K(학생)는 시어머니 길들이기보다 더 어려워!" H(여선생)의 말이다. '시어머니 길들이기'란 말도 있는가? 난생처음 들어보는 말이다. '길들이기'라는 말은 물건이나 짐승에게나 해당하는 말이다. 사람에게 이런 말을 사용할 때는 이미 상대방을 수단화하고 비인격적으로 대우하는 것이다. 사람에게 '길들이기'란 말을 사용하는 것은 인격적 모독이다. 더구나 시어머니에게 그런 말을 사용한다는 것은 도저히 용납할 수 없다.

이런 말을 사용하지 않는다고 하더라도 우리는 이미 상대방을 길들이려는 유혹을 받아 왔다. 의식했든 못했든 간에 이미 수없이 '상대방 길들이기'를 시도해 왔다. 어쩌면 우리의 삶이 여기에 익숙해져 있는지도 모른다. 내가 누구에게 길들고 있다는 사실을 안다면 얼마나 불쾌할까? 반대로 내가 길들이려고 한다는 사실을 상대방이 안다면 그의 마음은 어떨까? 우리는 상대방을 자기 뜻대로 요리(?)하기 위하여 길들이기를 시도하며, 길들이기에 성공하여 주도권을 잡고 지배하려고 한다.

우리는 철저하게 자기중심의 삶을 살려고 한다. 자기 유익과 자기성취와 자기 주도의 삶을 살려고 한다. 내가 빠지면, 내가 중심에 서지 못하면 아무 의미도 느끼지 못한다. 자기 유익을 얻지 못하거나 자기성취가 없으면 불만을 품는다. 자기 주도가 아니면 비판하고 폄하하며 반대한다. 이것이 인간의 모습이다.

인간은 자기도 모르는 사이에 사탄으로부터 이렇게 길들어 있다. 자기중심으로 모든 것을 길들이려다 오히려 사탄의 뜻대로 자기중심적으로 살도록 길든 것이다. 그러기에 예수님은 "아무든지 나를 따라오려거든 자기를 부인하고 날마다 제 십자가를 지고 나를 좇을 것이니라(누가복음 9:23)."라고 말씀하신 것 아닌가?

많은 사람들이 구원을 얻고자 하되 실패하는 이유가 무엇인가? 그것은 자기를 부인하고 자기 십자가를 지고 예수 그리스도를 따라야 하지만 그렇게 하지 않기 때문이다. 어느 누구라도 자기를 부인하지 않고는 진정으로 예수님을 주님으로 따를 수 없다. 자기를 부정하지 못하여 예수님을 진정 주님으로 따르지 못하는 사람들은 어떤 형태로든지 상대방을 자기의 뜻을 이루기 위한 도구로 길들이려고 한다. 심지어 예수님까지도 자기의 뜻을 이루기 위한 도구로 길들이려고 한다. 그러나 그것이 마음대로 될 리가 없다. 여기에 불만이 있을 수밖에 없고 여기에 인간의 불행이 존재하는 것이다.

상대방을 잘 길들이는 것이 자기의 뜻을 이루는 첩경이고 그것이 곧 행복을 얻는 길이라고 생각하는 것은 큰 착각이다. 이를 포기하기 전에는 참된 행복도 진정한 구원도 없다. 왜냐하면, 상대방 길들이기를 포기하는 자기 부정, 그것이 없는 신앙생활은 형제를 섬길 수도 없고 하나님의 뜻에 순종할 수도 없으며, 결국 천국에 갈 수도 없기 때문이다. 예수님의 뜻대로 살자. 내 뜻은 시어머니를 길들이는 것이지만 예수님의 뜻은 시어머니에게 순종하는 것이다. 시어머니 길들이기를 포기하라. 상대방 길들이기를 포기하라. 이것이 하나님의 뜻이다.

(1993년 11월 어느 날)

7. 핵가족제도가 행복의 길인가?

핵가족제도가 아니면 가정의 행복이 없는 것처럼 생각하는 사람들이 의외로 많다. 달리 말하면 대가족제도가 가정의 행복을 막는 것으로 받아들이는 사람들이 많다. 그리스도인들이 모인 가정생활 세미나에 가보면 '부모를 떠나는(창 2:24) 문제'를 무엇보다도 강조하는 것 같다. 핵가족제도가 가정 행복의 전제 조건이나 열쇠라고 드러내 놓고 주장하지는 않지만 결국은 그 얘기다. 더 나아가 부모공경과 부양을 부정하지는 않지만, 가정의 행복은 부부의 행복에서 비롯되고 그래서 부부의 행복을 위해서는 핵가족제도가 필수적인 것처럼 느끼게 하는 분위기다.

과연 핵가족제도가 행복의 지름길인가? 룻기에는 온갖 고난도 무릅쓰고, 더구나 남편이 없음에도 불구하고 시어머니를 모심으로써 오히려 하나님으로부터 가정의 행복을 보장받은 아름다운 이야기가 나온다. 시부모를 모시지 않는 것이 가정 행복의 비결이라고 말하거나 적어도 그런 느낌을 주는 성경 구절은 없다. 부모를 모시는 것이 가정의 행복을 방해하거나 막는 결정적 요인이라면 적어도 성경에 한 번쯤은 언급하였을 것이다. '하나님과 그리스도 예수 앞에서 엄히 명하노니.'라는 말을 붙여서 부모를 모시지 말라고 강조했을 법도 하다. 그러나 성경은 정반대로 부모공경과 부양을 강조하고 있다.

부모공경은 십계명 중 하나로 약속 있는 첫 계명이다. 성경은 효를 행하여 부모에게 보답하기를 배우게 하라고 하였으며 누구든지 친족 특히 자기 가족을 돌아보지 아니하면 믿음을 배반한 자요, 불신자보다 더 악한 자라고 했다.

하나님께서 아브람(아브라함)에게 "너의 본토 친척 아비 집을 떠나."라고 하신 것이나, 예수님께서 "무릇 내게 오는 자가 자기 부모와 처자와 형제와 자매와 자기 목숨까지 미워하지 아니하면 능히 나의 제자가 되지 못한다."라고 하신 말씀은 결코 부모공경을 부정하거나 핵가족제도를 주장한 것으로 해석할 수 없다. 마찬가지로 '부모를 떠나'라는 말씀도 부모공경을 부정하거나 핵가족제도를 부추기는 의미로 해석할 수 없다. 노아의 가족은 세 자부까지 거느린 대가족이었고 이는 이스라엘 가족제도의 전형이다. 그들은 유일하게 홍수심판에서 구원을 받았다.

핵가족제도는 역사가 길지 않다. 최근의 일이 아닌가? 언제부터 핵가족제도 아래서 살았는가? 그래서 더 행복한가? '부모를 떠나라'라는 말씀을 핵가족제도를 주장한 것 같은 뉘앙스로 해석하는 것은 극히 개인주의적이고 이기적인 발상이 아닐까?

결혼의 의미를 왜곡시키면 곤란하다. 가정의 행복을 잘못된 데서 찾으면 오히려 가정의 행복을 얻는 데 실패한다. 핵가족끼리 희희낙락(喜喜樂樂)하기 위하여 부모를 외롭고 쓸쓸하게 만드는 것이 어찌 진정한 가정의 행복일 수 있는가? 가정의 행복이 깨지는 것은 부모와 함께 사는 데서, 대가족제도 때문에 발생한다는 이기적인 생각을 버리지 않는 한, 그는 부모를 떠나도, 어떤 상황이 되어도 가정의 행복을 얻을 수 없다. 왜냐하면, 이미 성경을 떠났고 인륜을 버렸기 때문이다. 누가 언제부터 부모와 함께 살지 않는 것이 가정의 행복을 얻는 길이라고 말했는가? 가정생활 세미나 이대로 좋은가? 성경을 그렇게 해석해도 되는가? 생각을 바꾸어야 한다. 성경을 자기에게 유리하도록 왜곡하면 결국 어떻게 되겠는가?

(1994년 5월 어느 날)

8. 19층 난간에 매달린 할머니의 소원

D 아파트 49평형 19층 난간에 할머니 한 분이 매달려 있었다. 처음에는 벽에 매달려 일하는 인부쯤으로 생각했다. 그러나 한 곳에 계속 매달려 있는 것이 이상하여 유심히 보니 일하기 위해 인부가 매달려 있는 것이 아니었다. 19층에서 떨어지면? 연세를 알 수는 없지만, 할머니인 것이 분명한 것 같은데 얼마나 버틸 수 있을까? 그 할머니는 결국 그 일이 있었던 다음 날 그곳에서 떨어져 자살하고 말았다. 어떤 사연이 있었기에 그 높은 난간에 매달렸었는가? 무슨 대단한 소원이 있었기에 목숨을 건 아찔한 시위를 할 수밖에 없었는가? 무엇이 그리 마음대로 되지 않았기에 죽음을 각오한 위험천만한 행동을 한 것이었을까? 그리고 결국 자살할 수밖에 없었을까?

들으니 그분은 재산이 많았다고 한다. 49평 아파트에 살 정도면 돈이 없지는 않았을 것이다. 재산으로는 자신의 소원을 이룰 수 없었던 것일까? 그 좋은 아파트, 그 많은 재산도 할머니의 마음을 사로잡지는 못했는가? 일반 서민들은 그 정도의 집에서 사는 것이 하나의 꿈에 불과하고, 그 정도의 집을 사게 되면 세상을 얻은 듯이 기뻐하는데! 그 좋은 집에 입주한 지 얼마 되지 않아 자살이라니. 그 할머니의 목숨을 부지할 어떤 소망도 어떤 근거도 전혀 없었단 말인가? 무엇이 그리 절망적이었단 말인가?

20여 년 전, 부여 백제교에서 자살하려 했던 내 마음과 자살하고야 만 그 할머니의 마음은 어쩌면 어떤 연관성이 있을지도 모른다. 이루어져 보아야 허무한 것이 인간의 소원이다. 재물도 권력도 명예도 지식도 궁극적 소원이 될 수 없고 허무함을 달랠 수 없다. 그 할머니의 소원이 무엇인지 잘 알 수 없지만, 설령 이루어진다고 하더라도 허무맹랑한 내용일 것이다. 그 별것도 아닌 소원이 이루어지지 않아 목숨을 건다는 것은 비극이다. 그 할머니의 죽음은 허무한 소원을 이루지 못해 죽은 허무한 죽음일 가능성이 커 보인다. 물론 이러한 추측은 틀릴 수도 있다. 허무한 어떤 소원을 이루지 못해서가 아니라 모든 것이 소원대로 되어보았자 허무하다는 것을 알기에 자살할 수도 있다. 앞의 경우보다는 철학적이고 수준이 높다고 해야 할까? 어찌 되었든 후자도 역시 비극임에는 마찬가지가 아닐까? 그 할머니는 보잘것없는 허무한 소원이 이루어지지 못함에 대한 절망에서 자살하였든지 아니면 원하는 것들이 이루어져도 결국 허무하다는 것을 알기에 자살했을 것이다.

그에 비하면 나는 참으로 복된 인생을 살고 있다. 인생에 대한 허무감에 절망하며 자살을 결심한 결과 예수님을 만났기 때문이다. 물론 하나님의 은혜로. 이제 나에게는 이 세상의 보잘것없는 허무한 것들을 잡으려는 괜한 소원과 노력으로 인생을 허비하거나 목숨 걸 필요가 없게 되었다. 더 이상 이 세상의 것들이 허무하다는 생각 때문에 절망할 필요도 없다. 예수님의 소원이 나의 소원이 되었고 그 소원은 반드시 이루어지고 허무한 것이 결코 아니기 때문이다. 만유의 주권자 되신 예수님의 뜻은 이루어질 수밖에 없고 그분 안에 있는 내 뜻 또한 이루어질 수밖에 없다. 얼마나 평안하고 풍요롭고 행복한가?

이 길을 이야기해 주어도 모르는 사람들이 너무도 많다. 답답하다. 19층 난간에 매달렸던 그 할머니처럼, 이루어진다고 하더라도 허무한 것들을 위하여 얼마나 많은 사람들이 사투를 벌이는가? 끝내는 19층에서 뛰어내려 인생을 포기한 그 할머니처럼, 이룰 수 없고 이루어진다고 하더라도 허무한 그 소원을 갈구하며 인생을 죽이는 수많은 사람들. 그들에게 무엇을 어떻게 말해야 알아들을까?

(1993년 11월 어느 날)

9. 19층 난간에 매달린 할머니의 아들과 며느리

할머니가 19층 아파트 난간에 1시간 이상 매달려 있었다니 가히 초인적이다. 두 다리를 걸치고 두 손으로 매달려 있었다지만 그게 쉬운 일인가? 그 초인적인 인내에 놀라지 않을 수 없다. 그러나 그보다 몇십 배 더 놀라운 일이 있으니 그 아파트 안에는 사람들이 있었다는 사실이다. 그것도 다름 아닌 아들과 며느리가. 모르는 가운데 일어난 일이 아니라 아들과 며느리가 뻔히 아는 가운데 그런 일이 벌어졌다는 것이 놀랍다. 어머니가, 시어머니가 한 시간 이상 난간에 매달려 목숨을 담보로 자기 뜻을 이루려고 몸부림쳤는데 내버려 두었다니 기가 찰 노릇이다. 도무지 이해할 수 없는 일이다.

물론 그들도 얼마나 지쳤으면 그랬을까? 아마 이전에도 이와 비슷한 극단적인 방법으로 시위하던 어머니였기에 아예 포기했던 것일까? 그렇게 생각해서인지 몇몇 결혼한 여선생들이 그 할머니를 욕했다. 평소에 시어머니 욕을 하던 그 여선생들이 “효자는 부모가 만든다.”라는 말까지 들먹이면서. 그 여선생들은 그 할머니 까닭에 아들과 며느리만 불효막심한 자식이 되었다는 것이다. 내막을 모르고 추측으로 하는 소리이지만 그 말도 전혀 일리가 없는 것은 아닐 것이다. 그러나 부모를 모시는 며느리로서 할 말은 아니다. 이 일을 통해서 얻을 교훈은 그것이 아니다. 그 할머니의 심정을 헤아려 보고 자식 된 처지에서 어떻게 하는 것이 옳은가를 생각하는 것이 바른 자세가 아닐까?

마음에 하나님 두기를 싫어하는 자는 부모를 거역한다(로마서 1:30). 말세의 두드러진 현상 중의 하나는 부모를 거역하는 것이다(디모데후서 4:2). 부모를 거역하는 자들을 향하여 하나님께서는 “성읍의 모든 사람이 돌로 쳐 악을 제하라(신명기 21:18~22).”라고 하셨다. 성경에서는 “아비를 조롱하며 어미 순종하기를 싫어하는 자의 눈은 골짜기의 까마귀에게 쪼이고 독수리 새끼에게 먹히리라(잠언 30:17).”라고 하였고, 부모를 경홀히 여기는 자에게는 저주가 선포되었다(신명기 27:16).

예수님께서는 부모에게 해드려야 할 것을 제대로 하지 않는 자를 향하여 하나님을 존경하되 마음은 멀며 하나님의 말씀을 폐하는 위선자요 외식하는 자(마태복음 15:4~9)라고 책망하셨다. 성경에서는 "모든 일에 부모에게 순종하라."라고 가르친다. 왜냐하면, 이는 하나님을 기쁘시게 하는 것이기 때문이다(골로새서 3:20). 부모를 공경하는 것은 십계명 중에서도 중요한 계명이며 약속 있는 계명이다(출애굽기 20:12, 신명기 5:16, 에베소서 5:2). "네 부모를 즐겁게 하며 너 낳은 어미를 기쁘게 하라(잠언 23:25)."라는 것이 하나님의 뜻이다.

"효자는 부모가 만든다."라는 말을 하며 아파트 19층 난간에서 떨어져 비명에 돌아가신 할머니를 욕할 자격이 나에게는 없다. 아니 이 시대를 사는 아들과 며느리 누구라도 그 할머니를 욕할 자격을 가진 사람은 없을 것이다. 신데렐라와 콩쥐는 "효자는 부모가 만든다."라는 말에 동의하지 않을 것이다. "효자는 부모가 만든다."라는 말은 우리가 부모를 향하여 할 말은 아니다. 하나님의 말씀을 듣자. 부모를 존경하는 데는 조건이 없다. 아들이나 며느리와의 갈등으로 자살하는 할머니와 할아버지들이 늘어나고 있다. 이 시대의 이런 죄악은 그리스도인인 우리의 죄악이요, 우리의 책임이다. 모든 그리스도인 아들과 며느리들은 정신을 차려야 한다.

(1993년 11월 어느 날)

10. 그리스도인의 행복

- 하나 -

예수 그리스도의 삶은 세상 사람들이 보기에는 참으로 불행한 삶이었다.

왜? 그분의 가정환경은 보잘것없는 목수의 가정이었다. 그분은 마구간에서 태어나셨고 헤롯 왕을 피해 다니는 세상적으로 보면 분명 불운아였다. 12제자 중 하나는 그분을 노예 값에 팔아넘겼다. 그분의 사랑을 가장 많이 받았던 제자들은 그분이 고난을 겪고 십자가를 지실 때 모두 그 곁을 떠났다. 그분의 마을 사람들과 친동생들조차 그분의 뜻을 이해하지 못했고 그분을 믿지 않았다. 그래서 그곳에서는 기적도 베풀지 않으셨다. 그분은 비참하게 십자가에 돌아가셨다. 빌라도 앞에서 결박된 채 부당한 재판을 받으셨다. 그는 심지어 민란을 일으키고 민란 중에 살인을 저질렀던 바라바보다도 더 악한 취급을 당하셨다. 채찍에 맞아 쓰러지시며 무거운 십자가를 질질 끌고 가셨던 예수 그리스도. 비웃음과 침 뱉음의 조롱을 당하시며 아무 말씀도 없으셨던 그분.

"예수에게 자색 옷을 입히고 가시 면류관을 엮어 씌우고 예하여 가로되, 유대인의 왕이여 평안할지어다 하고 갈대로 그의 머리를 치며 침을 뱉으며 꿇어 절하더라. 희롱을 다한 후 자색 옷을 벗기고 도로 그의 옷을 입히고 십자가에 못 박으려고 끌고 나가니라(마가복음 15:17~20)."

십자가에 달려서 그분은 고통에 신음하셨다. 그 옆에 달린 한 강도조차도 그분을 멸시했다. "네가 메시아거든 뛰어내리라." 그분이 십자가에 달리신 모습을 보고 주위에서 구경하던 사람들은 외쳤다. "아하, 성전을 헐고 사흘에 짓는 자여, 네가 너를 구원하여 십자가에서 내려오라." "저가 남은 구원하였으되 자기는 구원할 수 없도다." "이스라엘의 왕 그리스도가 지금 십자가에서 내려와 우리로 보고 믿게 할지어다." "저가 하나님을 신뢰하니 하나님이 저를 기뻐하시면 이제 구원하실지라. 제 말이 나는 하나님의 아들이라 하였도다." 그러나 그것은 불행이 아니었다. 그분은 행복한 죽음을 맞으셨다. 사랑하는 우리를 위하여 우리의 죄를 대신하여 기쁨으로 십자가의 죽음을 받아들이신 행복한 죽음이었다. 그분의 십자가 죽음은 불행도 실패도 아니다. 오히려 행복이었고 승리였다.

"그가 찔림은 우리의 허물로 인함이요, 그가 상함은 우리의 죄악으로 인함이라. 그가 징계를 받음으로 우리가 평화를 누리고 그가 채찍에 맞음으로 우리가 나음을 입었도다(이사야 53:5)."

- 둘 -

우리는 '내 주여 뜻대로'라는 찬송을 즐겨 부른다. 그 가사는 벤자임 슈몰크(B. Schmolck) 목사가 지었다. 그가 성도들의 가정을 심방 나갔을 때 목사관에 불이 났다. 재산은 다 타서 잿더미가 되고 자녀들까지 다 죽게 된 그 자리, 자신도 물론 그곳에서 튀어나온 불덩이에 의해 소경이 된 그 자리에서 이런 찬송시를 지었다. 그는 이 비참한 처지에서 오히려 하나님께 감사하는 위대한 신앙고백을 하였다. 그 때문에 이 찬송을 대하는 사람마다 한없는 하나님의 사랑, 그 오묘한 손길을 느끼며 감사를 드린다. 존 밀턴(John Milton)은 그가 실명한 후에 『실낙원(Paradise Lost)』이란 위대한 작품을 썼다. 그는 그러한 상황에서 "오, 하나님! 나에게 육신의 눈을 멀게 하시고 영혼의 눈을 뜨게 하소서."라고 고백했다. 스패포드(H. G. Spafford)는 배가 침몰하여 그의 자녀가 빠져 죽은 그곳에 배를 타고 가면서 감사에 넘치는 평안의 찬송 '내 평생에 가는 길'을 지었다. 놀라운 일이다. 이 모두가 신앙인들의 놀라운 모습이다.

존경하는 한 목사님으로부터 들은 이야기이다. 그분께서 목회하시는 교회의 주일학교 학생 하나가 불의의 병으로 죽게 되었다고 한다. 그분께서 그 어린이의 장례를 집례하게 되었는데, 기도 중에 '감사'라는 표현을 사용했다는 것이다. 그 결과 그 아이의 아버지로부터 심한 봉변을 당하셨다고 한다. 믿지 않았던 그 아버지는 '감사'라는 표현에 화가 머리끝까지 치밀어 올라 호되게 욕설을 해댄 것이다. 그리스도인은 이 세상 불신자들이 이해할 수 없는 감사와 평안과 기쁨을 소유하고 사는 사람들이다. 우리는 욥의 인내와 감사를 잘 알고 있다. 만일 그리스도인이라고 하면서도 그런 삶을 살지 못하고 있다면 자신을 살펴야 할 것이다.

- 셋 -

세상 사람들이 보기에는 분명히 불행한 일임에도 불구하고 그리스도인에게는 오히려 행복으로 보이는 것은 놀라운 일이다. 아니 충격적인 일이다. 도무지 이해할 수 없는 일이다. 그러나 하나님은 우리의 시야를 넓히시고 깊게 하셔서 불행하게 보이는 그 사실 뒤에 숨겨진 참된 행복을 믿음으로 보게 하신다.

예수 그리스도께서 가신 그 길을 갈 때 우리는 분명히 그분이 당하신 남은 고난을 겪을 것이다. 세상 사람들이 보기에 불행하고 실패한 삶, 어리석고 비참한 삶을 살 것이다. 그러나 예수 그리스도의 삶이 행복한 삶, 성공과 승리의 삶이었던 것처럼 우리의 삶도 그분처럼 행복한 삶, 성공과 승리의 삶이 될 것이다. 이것은 중국 고사에 나오는 새옹지마(塞翁之馬) 이상의 삶이다. 소크라테스나 공자나 석가모니의 삶 이상이다. 그러기에 우리의 마음에는 감사와 기쁨의 찬송이 한없이 우러나올 수밖에 없다.

- 넷 -

그리스도인의 삶은 어찌 보면 운명론적이고 환경 순응적인 삶처럼 보인다. 어려운 문제가 생기면 다 '하나님의 뜻'이라고 적당히 핑계를 대는 무기력한 사람들처럼 보인다. 최종 돌파구, 문제해결의 도피처로 '하나님'을 내세워, 그것은 인간의 능력 밖이라고 얼버무리는 무책임한 태도를 지니는 것처럼 보인다. 소극적이고 나태해 보인다. 인간적인 적극성, 인간적인 긍정적 태도에 관해 부정적이고 소극적인 것처럼 보인다. 그러나 과연 그럴까? 그것이 사실일까? 물론 세상 사람들에게는 당연히 그렇게 보일 것이다. 하나님의 오묘한 손길을 전혀 모르기 때문이다. 그들 최고의 지혜가 하나님의 가장 어리석은 지혜보다 못한 것을 알지 못하기 때문이다. 하나님은 인간의 지혜로 나아오는 자들에게는 십자가의 도(道)가 미련하게 보이도록 하셨기 때문이다.

"십자가의 도가 멸망하는 자들에게는 미련한 것이요, 구원을 얻는 우리에게는 하나님의 능력이라(고린도전서 1:18)."

"하나님의 미련한 것이 사람보다 지혜 있고 하나님의 약한 것이 사람보다 강하니라(고린도전서 1:25)."

"육에 속한 사람은 하나님의 성령 일을 받지 아니하나니, 저희에게는 미련하게 보임이요, 또 깨닫지도 못하나니 이런 일은 영적으로라야 분별함이니라(고린도전서 2:14)."

"이때 예수께서 성령으로 기뻐하사 가라사대, 천지의 주재이신 아버지여 이것을 지혜롭고 슬기 있는 자들에게는 숨기시고 어린아이들에게는 나타내심을 감사하나이다. 옳소이다. 이렇게 된 것이 아버지의 뜻이니이다(누가복음 10:21)."

“무명한 자 같으나 유명한 자요, 죽는 자 같으나, 보라! 우리가 살고, 징계를 받는 자 같으나 죽임을 당하지 아니하고, 근심하는 자 같으나 항상 기뻐하고, 가난한 자 같으나 많은 사람을 부유하게 하고, 아무것도 없는 자 같으나 모든 것을 가진 자로다(고린도후서 6:9～10).”

그러기에 우리는 또 감사하고 기뻐하는 그리스도인의 행복을 누리는 것이다.

(1981년 어느 날)

11. '지존파'의 범행과 그리스도인의 책임

영광 '지존파' 연쇄 살인사건은 지나가는 화젯거리로 넘기기에는 너무도 엄청난 사건이다. 그들은 창살 감옥에 사체 소각로까지 설치한 살인공장(?)을 차려놓고 무차별적으로 선량한 사람들을 죽여 사체를 토막 내어 소각하거나 심지어 사체의 일부를 먹는 등 인간으로서는 도저히 용납할 수 없는 범행을 저질렀다. 더욱 놀라운 것은 보도진들 앞에서도 반성하거나 사죄하는 기색이 전혀 없이 뻔뻔스럽게 자기들의 죄를 모두 사회와 가난의 탓으로 돌리는가 하면 "러브호텔을 싹쓸이하려 했다." 라고 하거나 "다시 태어나도 똑같은 짓을 하겠다.", "압구정동의 야타족들을 모두 죽이지 못한 것이 한이다.", "어머니도 내 손으로 죽이지 못해 한이다."라는 등의 증오와 살기가 가득한 말들을 서슴없이 마구 내뱉고 있다는 사실이다.

어느 여론조사에 의하면 70% 정도가 그들의 불우한 환경에 동정심을 느꼈다고 한다. 불우한 환경 때문에 받았던 냉대와 조소를 일부 부유층의 분별력 없는 낭비와 사치와 향락에 대비시킨다면 그들은 동정받을 만한지도 모른다. 그러나 어떤 이유로든 그들의 범행은 정당화될 수 없다. 그들의 범행은 홍길동의 경우와도 전혀 다르다. 그들의 범행은 단지 부유층에 대한 선망과 증오에서 나온 보복행위에 불과하다. 동네 선배의 조카인 어린 중학생을 성폭행한 것이나, 야간 학교라도 들어가겠다고 꿈을 안고 악기를 만드는 공장에서 손이 부르트도록 일하던 나이 어린 처녀를 성폭행하고 살인 연습용으로 살해하여 암매장한 것이나, 한 건실한 중소기업의 사장 부부를 납치, 감금, 살해, 사체를 토막 소각하고 사체 일부를 먹은 그런 비인간적인 행위를 어떻게 동정할 수 있겠는가?

물론 가난하고 불우한 환경에 처한 자들을 포용하지 못한 부유층과 사회구조에도 분명 잘못과 책임이 있다. 또 사회구조와 상관없이 그런 자들이 있었고, 있을 것이라며, 그것은 일부의 극소수에 불과하므로 사회는 별 책임이 없다는 식의 논리를 펴는 것도 잘못이다. 물론 지존파 일당의 범죄를 모두 사회의 탓으로 돌릴 수 없듯이 사회도 그 모든 책임을 그들에게만 돌릴 수 없다. 적어도 그리스도인은 그렇다. 그리스도인들은 가난하고 궁핍하고 불우한 환경에 처해 있는 사람들, 특히 정신적, 도덕적, 영적으로 피폐해 있는 자들을 돌아보아야 한다. 그것은 그리스도인의 책임이다.

예수님은 부자요, 관원인 청년에게 온전해지기를 원하거든 가진 것을 다 팔아 가난한 사람들에게 나누어 주라고 하셨다(마태복음 19:21, 마가복음 10:21, 누가복음 18:22). 세리장 삭개오는 회개의 표로 자기 재산의 절반을 가난한 자들에게 주기로 했고 예수님은 그에게 구원을 선포하셨다(누가복음 19:8～9). 성경은 가난한 자를 괄시하는 것은 악한 것이며 가난한 자를 돌아보는 행위가 살아있는 믿음과 죽은 믿음을 구분하는 중요한 기준임을 말씀하고 있다(야고보서 2). 가난한 자들을 포함하여 불우한 환경에 처한 사람들을 돌보는 것은 하나님의 뜻이요 명령이다. 포도와 곡식을 가난한 자를 위하여 남겨 둘 것이며(레위기 19:10, 23:22), 가난한 자들이 끊이지 않을 것이지만 가난한 자들에게 원하는 만큼 그의 필요를 충족하도록 반드시 꾸어주어야 하며 그렇지 않으면 죄가 된다고 했다(신명기 15:8～11).

그리스도인들은 지존파의 죄악이 바로 우리의 책임이라고 받아들여야 한다. 우리가 해야 할 책임과 의무와 역할과 사명을 다하지 못한 까닭임을 알고 회개해야 한다. 사치와 향락과 남용을 버리고 좀 더 근검절약하고 절제하여 불우한 처지에 있는 사람들을 도와야 한다.

(1994년 9월 어느 날)

12. 시든 꽃이 주는 교훈

G 선생이 화병에 꽂힌 꽃을 보더니 "다 시들어버렸으니 이젠 그만 버려라."라고 한다. 시든 꽃은 볼품이 없는가? 나무에서 시든 꽃은 그래도 열매를 맺기 위한 과정이니 뜻이 있고 그래서 나름 아름답다고 해야 할까? 그러나 화병에 꽂힌 시든 꽃은 무슨 의미가 있는가? 열매를 기대할 수도 없으니 더욱 그렇다. 그런데도 나는 화병에 꽂힌 꽃이 시들고 다 말라비틀어지도록 버리지 않고 오래 두고 청승맞게 인생을 음미한다. 왜냐하면, 활짝 핀 아름다운 꽃보다 시든 꽃이 더 많은 것을 가르쳐주기 때문이다.

시편 103:15을 보면 "인생은 그 날이 풀과 같으며 그 영화가 들의 꽃과 같도다."라고 했고, 전도서 7:4에서는 "지혜자의 마음은 초상집에 있되, 우매자의 마음은 연락하는 집에 있느니라."라고 했다. 알렉산더 대왕의 아버지 필립왕은 유흥의 시간에도, 연회의 자리에서도 언제나 시종에게 인간의 해골을 들고 다니면서 흥에 도취하려고 할 때마다 이렇게 외치게 했다고 한다. “폐하, 폐하는 죽을 몸임을 기억하소서!”

똑같이 시들지만 많은 열매를 맺으며 시드는 꽃이 있는가 하면, 반면 화병에서 열매 없이 시드는 생명 없는 꽃도 있다. 꽃이 시들고 가을이 오고 있다. 내 인생에 얼마나 많은 열매가 맺힐 것인가? 화병에 꽂힌 시든 꽃을 버리지 말고 보자. 해골을 들고 다니자. 그리고 시들 인생, 죽을 몸임을 기억하자.

(1994년 10월 어느 날)

13. 처녀 평신도 선교사 Y가 준 도전

나약해 보이는 Y 선교사가 탄자니아로 떠난 것은 3년 전이었다. 대학을 갓 졸업한 어린 처녀가 항공료만 가까스로 모금해서 전혀 다른 기후와 풍토와 문화에다 언어 장벽까지 높은 먼 이국 탄자니아로 떠날 때 왠지 만용처럼 보였다. 그런 식으로 선교를 한다는 것에 대해 이해할 수 없었다.

그러나 하나님께서 그녀의 순수한 믿음을 받으셔서 보호하시고 인도하셨다. 6개월에 4번씩이나 말라리아를 앓았으나 고쳐주셨으며, 전갈에 물려 사경을 넘나들 때도 하나님은 그녀를 건져주셨다고 한다. 그녀는 살아서 고국에 돌아오리라고는 생각지도 못했다며 살아 돌아오게 하신 하나님의 은혜에 감격하였다. 건강이 회복되면 그 험한 길을 다시 떠나겠다는 그녀의 말은 안일한 나를 한없이 부끄럽게 한다. 한 번도 목숨을 걸고 복음 사역을 감당한 적이 없는 나에게는 그녀의 목숨을 건 사역이 부럽다. 입만 살아있는 자신이 너무 부끄럽다.

그녀는 가냘픈 여자의 몸으로 하루에 100km 이상을 운전하고 험한 길을 수십 km씩 걷는 힘든 상황에서도 복음을 전할 수 있도록 하나님께서 인도하셨다고 한다. 툭하면 건강과 체력을 핑계로 맡겨진 사역을 게을리한 나에게는 큰 도전이 된다. 체력으로 보나 건강으로 보나 그녀보다 못한 것이 없기에 변명의 여지가 없다.

그녀는 한 달에 미화 100달러의 후원금을 받고 있는데 그중 95달러를 사역을 위해 사용하고 생활비로는 5달러를 사용한다고 했다. 5달러는 우리 돈으로 4,000원도 되지 않는다(1994년 기준). 이 적은 액수가 탄자니아에서 목숨을 걸고 선교하는 그녀에게는 한 달간의 최소한의 생활비라고 하니 우리는 너무 사치하고 낭비하는 것이 아닌가?

그녀는 신학을 공부하지 않은 평신도 선교사로서 신학을 공부한 선교사 밑에서 사역하면서도 그들 못지않게 순수하고 열정적으로 선교사역에 동참하고 있다고 한다. 그 가운데서도 자기 욕심과 업적에 눈이 멀어 후원금을 가로챈 팀장 선교사가 있지만, 그것 때문에 실망하거나 원망하지 않고 사역을 계속해 왔다고 한다. 그녀의 그런 자세는 정말 도전이 된다. 그녀가 이곳저곳에서 부족한 스와힐리어로 전하는 복음과 간호사로서

환자들을 돌보며 베푼 그리스도의 사랑은 절대 헛되지 않을 것이다.

(1994년 12월 어느 날)

14. 과시형 자동차 문화가 주는 교훈

L은 몇 년 타지도 않은 결함도 없는 캐피탈 승용차를 팔고 2,000cc 콩코드 승용차를 샀다. 주변에는 그런 사람들이 많다. 한국자동차공업협회에 의하면 1994년 말 현재 1,000cc 미만 소형차의 보급률이 3.6%라고 한다. 이탈리아의 46%, 프랑스의 40%, 일본의 30%에 비하면 소형차의 보급률이 매우 낮다. 석유 한 방울 나지 않고 국토도 좁으며 도로율과 주차공간도 형편없이 부족한 나라의 국민으로서 반드시 짚고 넘어가야 할 문제다.

업계 관계자들은 '과시형 자동차 문화' 때문에 중대형을 좋아한다고 분석한다. 우리는 어떻게 해서든지 자신과 자신이 속한 집단을 유감없이 과시하려고 한다. '있는 그대로'보다 과장하여 보이고 싶어 한다.

그리스도인과 교회는 어떤가? 교회 지도자들은 어떤가? 예외가 없는 것 같다. 비기독교인과 다르지 않다고 해도 지나친 주장은 아닐 것이다. 이러한 현상이 우리에게 무엇을 말해줄까? 자기 과시를 위해 필요 이상의 큰 차를 타려면 그만큼 큰 비용이 지출될 수밖에 없다. 그런 사람들이 오직 큰 차를 통해서만 자신을 과시할까? 아닐 것이다. 아마 생활 전반이 그렇지 않을까? 그렇다면 어떻게 이웃을 사랑하고 희생하며 섬길 수 있을까? 물론 베풀 수 있을 것이다. 그러나 그것은 부담 없는 선에 그칠 수밖에 없을 것이다. 과시하기 위해 과용하는 만큼 베풀 수 없다는 것은 뻔하다. 자신을 과시하기 위해 과용하는 사람이 다른 사람을 위해 희생할 정도로 베풀 수 있을까? 베푼다는 것이 형식적인 체면치레에 불과할 가능성이 크다. 다른 사람을 위해 희생할 정도로 베풀면서 과시하기 위해 과용할 수는 없기 때문이다.

예수님은 자기를 과시하는 대신에 오히려 자기를 부정하라고 명령하셨다. 자기를 부정하지 않고, 자기 십자가를 지지 않고는 누구도 예수님의 제자가 될 수 없다고 말씀하셨다. 자기 과시는 예수님의 말씀과는 정면으로 배치(背馳)된다. 어떤 이유로도 변명의 여지가 없다.

1,500만 원 상당의 중형차를 사는 대신에 500만 원 상당의 소형차를 사고 1,000만 원을 은행에 저축한다면 그 이자와 보

험료 차액, 자동차세와 연료비 차액을 합하여 매달 10만 원 이상을 영원히 선교 및 구제에 사용할 수 있을 것이다(1995년 초 기준). 월 몇만 원의 선교헌금도 벌벌 떨면서 고급 승용차를 사는 데 거침이 없다면 어느 모로 보나 그것은 하나님 보시기에 부끄러운 일이 아닐까? 우리의 자동차 문화, 특별히 그리스도인과 교회 지도자들의 자동차 문화, 하나님 앞에서 돌아보지 않아도 될까?

(1995년 3월 어느 날)

사리(舍利)와 사리(事理)

1. 언제 약속을 안 지켰니?

"엄마는 약속을 왜 안 지켜요?" "언제 안 지켰니?" 종섭이는 약속은 꼭 지키는 것임을 알기에 자기가 필요한 것이 있으면 자기가 필요한 것을 사주기로 약속할 것을 조른다. 어떤 경우에는 조르고 졸라도 안 되면 일방적으로 "아빠, 사주기로 했어."라고 말해버리고는 마치 약속을 받아낸 것처럼 자기 엄마에게 가서 큰 소리로 말해버린다. 그리고 그 약속을 담보로 약속의 이행을 끈질기게 추궁한다. 자기에게 약속한 것은 당연히 차지할 권리가 있는 것처럼. 그것도 일방적으로, 약속이라도 한 것처럼 자기 마음대로 말해버린 것까지도.

하나님께서는 종섭이를 통하여 나의 잘못된 신앙 자세를 깨우쳐 주신다. 성경을 이리저리 뒤적이다가 하나님의 약속을 발견하곤 당연한 권리를 얻은 것처럼 하나님께 청구한다. 하나님은 신실하셔서 약속을 지키신다. 하지만 그 약속은 내가 당연히 요청할 수 있는 것이 아님에도 불구하고! 하나님께서 베푸실 복을 단지 감사함으로 바라보는 것이 하나님 앞에서 옳은 것임에도 불구하고 하나님께 청구한다. 값없이 구원받은 내가 하나님께 무엇을 요구할 수 있는가?

우리 부부는 될 수 있으면 약속한 것은 최대한 지키려고 애쓴다. 그런데도 종섭이는 우리가 약속을 잘 지키지 않는다고 여기는지 자주 "약속하고 왜 안 지키느냐?"라고 볼멘소리를 한다. 자기가 일방적으로 한 약속까지도 굳이 지켜야 하는가? 얼마 전에는 "아이스크림을 사준다고 했는데 왜 안 사주느냐?"라고 짜증을 냈다. 동생이 기침을 하기에 지금은 찬 것을 줄 수 없다고 설득해도 이해하지 못하고 야속하게 여긴다. 아이스크림을 먹으면 안 되는 동생 옆에서 자기 혼자 아이스크림을 먹겠다고? 남의 사정은 돌아보지 않고 자기만 복 받으면, 자기 원하는 것을 할 수 있으면 된다는 생각은 잘못된 것이다. 하나님께서 약속하셨다고 아무 경우, 아무 때나 다 들어주실까? 형제의 아픔을 모른 체하는 나에게 하나님의 약속이 성취되리라고 생각하는 것은 하나님을 너무도 모르는 것이다. 형제를 배려하는 사랑이 필요하다.

지난달에는 줄넘기를 사달라고 졸랐다. 사주어야 할 때가 되었다고 생각되어 사주기로 했다. 약속을 하니 아니나 다를까 매일 같이 사달라고 난리다. 엄마가 시장에 나가면 사준다고 해도 약속을 하고 왜 안 사주느냐며 떼를 쓴다. 인내를 가르치고자 애쓰지만 나 자신의 인내가 부족하다. 며칠 후 집 근처에 있는 가게에 가서 싼 줄넘기를 하나 사주었다. 팔팔 뛰며 좋아했다. 그런데 살펴보니 일부 파손된 데다 싼 것이라서 여러 가지로 부실하여 가게에 도로 가져다주었다. 이후 울음바다가 되었다. 이리저리 달래도 감정을 억제하지 못한다. 몹시 서운한 모양이다. 그 후 며칠이 지나 배나 비싸고 튼튼한 것으로 사주었다.

하나님의 때를 기다릴 줄 아는 인내가 필요하다. 덕을 세우며 소망 중에 기다리는 믿음이 필요하다. 또한, 더 좋은 것으로 주시는 하나님, 모든 것을 합력하여 선을 이루시는 하나님을 볼 수 있는 믿음이 요구된다. 나보다 나를 더 잘 아시는 하나님, 나의 필요를 나보다 더 잘 아시고 나에게 무엇이 좋은지도 더 잘 아시는 하나님, 가장 좋을 때를 아시는 하나님, 그분께서 넘치게 채워주실 것이다. 더 좋은 줄넘기를 주시기 위하여 부서지고 값싼 줄넘기를 포기하게 하시는 하나님 앞에서 억울해 하는 유치한 우리의 신앙이 부끄럽다. 아예 주신 자도 하나님이시오, 가져가신 자도 하나님이시라는 믿음으로 사는 것이 하나님 앞에서 아름다운 모습이 아닐까? 울고불고 발광한다고 될 일인가?

“이 녀석, 안 사줘, 그렇게 말도 안 듣고….”

종섭이는 엄마로부터 얻어낸 약속을 잃을 때도 있다. 부모로서는 한 약속을 어기고 싶지 않다. 그러나 행실로 보아 도저히 약속을 지켜서는 안 될 때도 생긴다. 한 번은 동네 꼬마를 꼬드겨서 장난감을 얻어(?)왔다. 그리고 그 장난감의 출처를 묻는 엄마에게 아빠가 사주었다고 거짓말을 하였다. 그날 저녁 심하게 혼을 냈다. 다리에는 시퍼런 매 자국이 여기저기 생겼다. 그날 밤 약속된 과자 파티는 취소되었다. 그뿐만 아니라 이 일 후로는 직접 가게에 가서 자기 마음대로 물건 사는 자유도 유보당했다. 하나님 앞에 불순종할 때, 하나님 보시기에 합당치 못할 때 약속의 복을 누리기보다는 징계를 받게 된다. 이스라엘 백성들이 가나안을 앞두고 불신과 불순종으로 심판을 받고 약속에서 제외되었다. 하나님의 약속을 믿고 기도할지라도 합당한 행실과 그릇을 갖출 때 하나님께서는 약속의 복을 내려주신다.

종섭이가 좀 더 자라서 철이 들고 부모가 되고 나면 약속을 지키려고 애썼던 부모의 마음을 알게 되리라. “왜 약속을 안 지키느냐?”라고 따지던 자신의 태도가 부모를 얼마나 가슴 아프게 했는지도 알게 될 것이며 사랑으로 자신의 성숙을 기다려 준 부모의 사랑에 감사하게 되리라. 약속을 미루거나 유보한 것이 부모의 사랑에서 나온 것임도 알게 되리라. 징계가 약속하게만 느껴져서 원망하고 불평했던 자신이 얼마나 유치했었는가도 깨닫고 부모의 큰 뜻에 고개를 숙이리라. 더 좋은 것을 주려고 애쓴 부모의 사랑을 깨닫고 부모를 믿고 순종하는 그날에 그는 부모를 기쁘게 할 것이다. 하나님께서는 종섭이를 통하여 나의 유치한 신앙을 깨닫게 하신다. 종섭이의 불신과 불순종을 통하여 나의 마음이 상하고 가슴이 아픈 것 이상으로 나의 불신과 불순종으로 하나님께서 마음 아파하신다는 것을 깨우쳐 주신다. 하나님의 사랑과 보호를 온전히 믿고 순종하는 신앙인이 되어야겠다. 사랑의 하나님을 생각하니 너무 감사해서 눈물이 난다.

(1993년 6월 어느 날)

2. 구식 옷을 고집하는 이유

학생들이 내 복장에 대하여 불만이 많다. 왜 1960년대, 1970년대 복장을 고집하느냐는 것이다. 사실은 1980년대 복장을 주로 입을 뿐이고, 고집하는 것도 결코 아니다. 어찌 되었든지 학생들의 눈에는 유행에 뒤처진 구식 옷을 고집하는 것처럼 보이는 모양이다. 아니 실제로 구식 옷을 고집하는지도 모른다. 그러나 분명한 것은 구식 옷을 고집하거나 즐기는 것은 아니다. 다만 내 나름대로 뜻이 있어 유행에도 흔들리지 않고 유행에 뒤처진 옷들을 주로 입고 다닐 뿐이다.

다른 사람들 눈에는 그것이 고집처럼 보일 수도 있고 즐기는 것처럼 보일 수도 있다. 그러나 나에게는 눈에 거슬릴 정도로 구식 옷을 고집스럽게 입는 이유가 분명히 있다. 그것은 바로 낭비와 사치가 죄악이란 인식 때문이다. 멀쩡한 옷을 유행에 뒤떨어졌다고 버리는 것은 죄악이다. 나의 사치와 낭비로 인하여 누군가가 굶주리고 헐벗어야 한다면, 심지어 죽어야 한다면 그것은 얼마나 큰 죄악인가? 구식 옷을 고집스럽게 입는 것은 죄를 짓지 않으려는 거룩한 노력이다.

브라질 동북부 레시페 지방에서는 아이들이 매일 오후 상자 속에 시체를 넣고 메어 나르고 있다고 한다. 거기에서는 도와주는 어른이나 목사도 없이 아이들이 굶어 죽은 친구들을 매일 싼토아마로 공동묘지로 내다 버리는 것을 늘 볼 수 있다고 한다. 메마른 그곳에는 가난한 2,000만 명이 살고 있다고 한다. 이들이 40세까지 살면 장수한 축에 속한다고 한다. 인류의 80%가 굶주린 배를 움켜쥐고 잠자리에 들며 하루에도 8만 명 이상이 영양실조로 병들고 있는가 하면 하루 평균 4만여 명(연간 1,400만여 명)이 굶어 죽는 이유가 무엇인가? 지구에서 생산하는 식량은 인류가 먹기에 부족함이 없다고 한다. 그런데도 굶주리는 자가 많다는 것은 결국 일부 사람들이 너무 많이 먹고, 입고, 쓰면서 낭비하기 때문에 상대적으로 다른 사람들이 굶주리고 헐벗는다는 계산이 나온다. 한정된 자원을 가지고 한쪽에서 필요 이상으로 많이 쓰면 다른 사람들은 어쩌란 말인가? 굶주리고 헐벗는 다른 사람들을 조금이라도 생각한다면 과소비와 사치, 낭비를 할 수 없다.

자신을 과시하려고 필요 이상으로 사용하거나, 사용할 수 있는 것을 유행에 뒤처진다고 버리거나, 필요 이상으로 구매하여 썩혀 버리는 이 모든 행위는 다른 사람들을 부족하게 만드는 죄악된 행위이다. "남은 조각을 거두고 버리는 것이 없게 하라(요한복음 6:12)."라고 예수님은 말씀하신다. 배부르고 넉넉하다고 사치하고 낭비하고 과소비하면 하나님께서 주신 자원을 적절하게 사용하는 것을 막고 못 쓰도록 버리게 된다. 그러므로 사치하고 낭비하고 과소비하는 것은 분명 큰 죄악이다. 유행과 낭비와 사치와 과소비를 즐기는 결과는 곧 형제의 굶주림과 헐벗음을 즐기는 결과를 초래하기 때문이다.

"우리가 먹을 것과 입을 것이 있은즉 족한 줄로 알 것이니라(디모데전서 6:8)."

"그러나 지족(知足)하는 마음이 있으면 경건에 큰 이익이 되느니라(디모데전서 6:6)."

이 말씀이 요구하는 것이 무엇인가?

(1994년 3월 어느 날)

3. 좋아하는 이유 1

학생들에게 좋아하는 선생님에 대해 좋아하는 이유를 써보라고 했다. 여러 가지 이유가 나왔다. 그중에 가장 많은 학생이 좋아하는 이유로 무엇을 썼을까? 그것은 바로 외모에 대한 것이었다. '잘생겼다.', '멋있게 생겼다.' '옷을 세련되게 입는다.' 이와 같은 것들이다. 학생들이 선생님을 좋아하는 이유로써 왠지 천박하다는 느낌이 든다. 외모를 가지고 좋아하다니! 좋아하는 것 자체가 나쁘다거나, 좋아하는 것 자체를 자기 마음대로 어떻게 할 수 있는 것은 아니다. 그러나 좀 더 생각해 보면 외모 까닭에 좋아하는 것이 얼마나 유치하고 부질없는 것인가? 독버섯이 더 아름답고 플레이보이의 옷맵시가 더 세련되지 않은가? 나이든 어른들도 사람을 외모로 판단하기를 좋아하니 어린 학생들이야 오죽하겠는가? 어찌 되었든 좋게 여겨지지 않는다. 그렇다고 좋은 외모나 세련된 옷맵시 자체가 나쁘다거나 그런 사람이 꼭 문제가 있다는 뜻은 결코 아니다. 적어도 외모 자체가 사람을 좋아하거나 판단하는 절대적 기준이 되어서는 곤란하다는 뜻이다.

외모에 홀리면 일을 망치고 인생을 그르친다. 이스라엘의 다윗왕은 한 여인의 목욕하는 모습을 보니 심히 아름다워 보여서 홀리고 말았다. 수많은 여인을 거느리는 왕으로서 그것도 모자라 자기에게 충성을 다하는 신하의 아내를 차지하고 그 신하를 죽도록 하였으니 이것은 도덕적으로 비난받아 마땅하다. 그는 그 결과 하나님의 엄한 징계로 자녀의 죽음과 자녀 간의 강간, 또 그 사이에서 벌어지는 피비린내 나는 복수와 살인, 자녀로부터 왕위를 빼앗기는 등 비극적인 일들을 연속적으로 당해야만 했다(사무엘 하 11~15). 창세기 6:2~3에는 하나님의 아들들이 사람의 딸들의 아름다움을 보고 자기들이 좋아하는 모든 자를 아내로 삼았기 때문에 하나님께서 하나님의 신(神)으로 그들과 함께하시지 아니하셨고 인간들은 육체(고깃덩어리)가 되었다고 했다. 이보다 더 큰 비극이 어디 있는가? 하나님의 신(神)이 함께하시지 않고 인간이 단지 육체만 남는다면 그 인간이 어찌 온전한 인간일 수 있는가?

예수님은 고운 모양도 없고 풍채도 없어서 보기에 흠모할 만한 아름다운 것이 없었다. 그래서 멸시를 받으셨고 버림받으셨으며 많은 간고를 당하셨다(이사야 53:2~3). 그러나 예수님은 우리의 구세주가 되셨다. 우리의 질고를 지고 우리의 슬픔을 담당하셨다. 외모가 우리를 구원해 주는 것이 아니다. 하나님은 외모를 취하시지 않는다. 좋아하는 이유, 외모가 아니라 사람 속에서 찾자.

(1994년 3월 어느 날)

4. 좋아하는 이유 2

학생들이 좋아하는 선생님에 대해 좋아하는 이유로 '외모' 다음으로 '잘 웃긴다.', '재밌다.', '부담이 없다.' 등이 있었다. 현대인들의 삶의 자세를 단적으로 잘 드러낸 대답들이다. 이러한 현대인들의 자세가 극명하게 잘 드러나는 것이 오락성에 집착하는 TV 프로그램들이다. 실제로 TV 드라마를 공모할 때 심사기준에 오락성을 무엇보다도 큰 비중으로 꼽고 있다는 것은 다 아는 사실이다. 갈수록 거의 모든 TV 프로그램에서 오락성이 더욱 짙게 나타나고 있다. 그들이 오락성에 집착하는 이유는 시청률과 관련이 있다. 시청률에 의해 방송사의 생사가 달려있기 때문이다. 아무리 좋은 내용이어도 재미가 없으면 시청률이 떨어지기 때문에 방송사마다 앞다투어 웃기는 프로그램을 제작하고 있다. 그러나 그것이 과연 바른가?

잘 웃기고 재미있는 것 자체가 나쁜 것은 아니다. 어쩌면 선생님으로서는 잘 웃기고 재미있는 것이 공부에 힘들어하는 학생들에게 신선한 활력을 불어넣어 주기에 좋을 수 있다. 그러나 개그 하듯이 인생을 살려는 것은 분명 잘못이다. 오락성 짙은 TV 프로그램을 즐기는 것 자체는 잘못이 아니라고 말할 수 있지만, 코미디 하듯이 인생을 살려고 한다면 심각한 문제가 있다. 학생들이 웃기고 부담을 주지 않는 선생님을 좋아하는 것이나 현대인들이 오락성이 짙어 재미있고 부담 없는 TV 프로그램을 즐기는 것은 비슷한 삶의 자세에서 나온 것이 아닐까? 현대인들은 인생을 진지하게 살려고 하기보다는 개그 하듯이, 코미디 하듯이 살려고 한다. 인생을 재미로 살려고 한다. 부담 없이 쉽고 편하게 살려고 한다. 분명 그것은 잘못이다. 인생을 개그 하듯이, 코미디 하듯이 살 수는 없다. 그렇게 살아서는 안 된다. 임기응변으로 웃겨서 넘기기에는 너무 소중하다. 인생을 익살로 웃겨서 채운다는 것은 인생에 대한 모독이다.

값진 인생은 고난 없이 이루어질 수 없다. 쉽고 편하고 재미있게만 살려고 할수록 가치 있는 인생과는 거리가 멀어진다. 소크라테스(Socrates)는 "비판적으로 음미해 보지 않은 인생은 살 가치조차 없다."라고 하였다. 진지하게 이유와 목적을 생각해 보지도 않고 대강대강 임기응변식으로, 익살로 때우는 인생은 살 가치조차 없다. 쉽게, 편하고 재미있게, 때우는 식의 인생은 무가치하다. 그런 인생의 종국은 무엇이겠는가? 그것은 허무뿐이다. 우리는 인생을 진지하게 생각해야 한다. 진지하게 계산해 보아야 한다. 그렇지 않으면 인생이 한 편의 개그가 되어버리고 말 것이다. 웃음거리가 되어버리고 말 것이다. 역사를 시작했으되 능히 이루지 못하고 말 것이다. 인생에 실패하고 말 것이다. 예수께서 이런 말씀하셨다.

"너희 중에 누가 망대를 세우고자 할진대 자기의 가진 것이 준공하기까지에 족할는지 먼저 앉아서 비용을 예산하지 않겠느냐? 그렇지 아니하여 그 기초만 놓고 능히 이루지 못하면 보는 자가 다 비웃어 가로되 이 사람이 역사를 시작하고 능히 이루지 못하였다 하리라. 또 어느 임금이 다른 임금과 싸우러 갈 때 먼저 앉아서 일 만으로서 저 이 만을 가지고 오는 자를 대적할 수 있을까 헤아리지 아니하겠느냐? 만일 못할 터이면 저가 아직 멀리 있을 동안에 사신을 보내어 화친을 청할지니라(누가복음 14:28~32)."

몇 년 전 200일 동안 새벽마다 교회에서 어느 여선생님을 위하여 그 이름을 부르며 기도한 적이 있었다. 그 선생님께 여러 번 편지도 보내면서 그를 위하여 새벽마다 기도하고 있노라고 이야기했다. 그는 인간적인 고마움을 표현할 뿐 내세 문제에 대해서, 구원의 문제에 대해서, 영원의 문제에 대해서 진지하게 생각하지 않았다. 내세 문제가, 구원의 문제가, 영원의 문제가 얼마나 중요하게 여겨지면 자기와 전혀 상관없는 한 사람을 위하여 200일씩이나 새벽마다 이름을 부르며 기도할 수 있겠는가? 인생은 한 번뿐이다. 연습이 없다. 과거는 돌이킬 수 없다. 개그 하듯이 살기에는, 코미디 하듯이 살기에는 너무 소중하다. 죽음의 문제, 내세 문제, 영원의 문제, 구원의 문제, 그것은 진지하게 생각해야 할 문제다.

"홍수 전에 노아가 방주에 들어가던 날까지 사람들이 먹고 마시고 장가들고 시집가고 있으면서 홍수가 나서 저희를 다 멸하기까지 깨닫지 못하였으니 인자의 임함도 이와 같으리라(마태복음 24:38~39)." 그 당시 사람들이 홍수로 다 죽기까지 깨닫지 못한 까닭이 무엇일까? 노아의 방주에 대하여 진지하게 생각하지 않고 그저 재미있게 사는 데만 온통 정신이 팔려있었기 때문이 아니겠는가? 천국과 지옥을 전해도 진지하게 생각하는 사람이 드물다. 예수님이 우리의 구세주와 주님이 되신다고 목숨을 걸고 이야기해도 대부분의 사람들은 농담 정도로 여긴다. 자신과 전혀 이해관계가 없는 다른 여인의 남자가 200일 동안 새벽마다 이름을 부르며 기도하고 있다는 데도 구원의 문제를 진지하게 생각지 않는 이유가 무엇인가? "롯이 나가서 그 딸과 정혼한 사위들에게 고하여 이르되, 여호와께서 이 성을 멸하실 터이니 너희는 일어나 이곳에서 떠나라 하되, 그 사위들이 농담으로 여겼더라(창세기 19:14).” 세상 재미에 푹 빠져 하나님의 심판을 진지하게 생각하지 아니하고 그저 농담 정도로 여겼던 롯의 사위들이 유황과 불에 멸망 당한 것이 단지 그들의 일로 그칠까?

자신을 기독교인이라고 말하는 사람 중에도 삶을 개그 하듯이 살려는 사람들이 많다. 그래서 많이 웃기는 설교자들을 좋아하고, 좀 더 심하게 말하면 ‘사치기사치기사뽀뽀’2) 교회에 몰려든다. 가볍고 재미있게 즐기며 신앙생활 할 수 있는 교회를 찾는다. 진지하게 말씀을 전하는 교회에 다니는 것을 못 참는다. 인생의 문제에 대하여 대강대강 넘어가고 그저 부담 주지 않고 위로해 주며 재미있는 교회를 선호한다. 교회마다, 목회자마다 살아남기 위하여 여기에 영합하여 가볍게 먹고 놀며 즐기는 일종의 사교 클럽이나 취미 단체 비슷하게 변질되고 있다.

---

2) 최태호, “19금과 ‘사치기사치기사뽀뽀’”, 국민투데이, 2019. 02. 10. 08:47, http://www.kukmini.com/news/articleView.html?idxno=401471: “‘사치기’는 원래 ‘샅치기’라고 하였다. ‘샅’은 ‘사타구니’라는 뜻으로 ‘두 사리의 사이’ 혹은 ‘두 물건의 틈’으로 정의하였다. 주로 사타구니(股間 : 넓적다리)를 의미한다. 씨름할 때 사용하는 ‘샅바’를 연상하면 의미가 쉽게 와닿을 것이다. ‘샅바’란 ‘㉠ 죄인의 다리를 얽어 묶던 바, ㉡ 씨름에서 허리와 넓적다리를 둘러 묶어서 손잡이로 쓰는 천’이라고 되어 있다. 우리가 흔히 아는 샅바는 씨름할 때 허리와 넓적다리에 걸치고 손잡이로 쓰는 천이다. 과거에 아이를 낳지 못하는 여인들은 천하장사의 샅바를 훔쳐서 허리에 두르면 남아(男兒)를 낳는다는 기자습속(祈子習俗)도 있었다. 그러므로 ‘샅치기나 샅뽀뽀’는 사타구니끼리 ‘치고 뽀뽀’하는 것을 말한다. 즉 성행위를 일컫는 말인데, 아이들이 무슨 뜻인지도 모르고 허벅지를 쓰다듬으며 놀았던 것이다. 그것이 현대에 와서 ‘사치기사치기사뽀뽀’라며 어근(語根)을 상실한 채 사용되고 있다.”

성경공부도 가볍게 지적 호기심을 자극하는 정도로 즐길 수 있으면 좋아하지만, 진지하게 삶을 돌아보며 말씀 앞에서 결단과 헌신을 촉구하게 되면 이내 부담을 느끼고 자존심 상해하며 떠나 버린다. 기도회도 기도했다는 만족감 정도로 즐길 수 있으면 좋아하지만, 땀방울이 핏방울이 되기까지 자신을 하나님의 뜻 앞에 굴복시키는 기도는 죽어도 하기 싫어한다. 헌금은 어떤가? 종교적 만족감, 자신의 물질로 교회와 사회에 도움을 주고 있다는 만족감을 느끼는 정도는 괜찮지만, 그 이상은 거부한다. 이게 무슨 하나님께서 원하시는, 하나님을 기쁘시게 하는 신앙생활이 될 수 있는가?

"무릇 내게 오는 자가 자기 부모와 처자와 형제와 자매와 자기 목숨까지 미워하지 아니하면 능히 나의 제자가 되지 못하고 누구든지 자기 십자가를 지고 나를 좇지 않는 자도 능히 나의 제자가 되지 못하리라(누가복음 14:26~27)."

"이와 같이 너희 중에 누구든지 자기의 모든 소유를 버리지 아니하면 능히 내 제자가 되지 못하리라(누가복음 14:33)."

적어도 자신이 기독교인이라고 생각하는 사람은 이 말씀을 진지하게 자신에게 적용해야 할 것이다.

(1994년 3월 어느 날)

5. 그래도 능력이 있는 게 좋지 않나요?

학생들에게 능력이 많을수록 좋으냐고 물었더니 대부분 그렇다고 대답했다. 또 노력할수록 좋으냐고 물었더니 그 물음에도 대부분 그렇다고 대답했다. 바르다는 것을 전제로 한 대답이라고 여겨지지만, 그렇지 않을 수도 있다는 생각에 다시 구체적으로 물었다. 의사의 손에 쥐어진 칼이든지 강도의 손에 쥐어진 칼이든지 잘 들수록 좋으냐고. 한 용기 있는 학생이 자신 있게 그렇다고 대답했다. 기대했던 것과는 정반대의 대답에 얼떨떨했다. 아니, 강도의 손에 들려진 칼도 잘 들수록 좋으냐고 반문했다. 재차 물으니 강도 편에서는 좋은 것이 아니냐고 했다. 그렇다면 판단의 기준은 무엇인가?

이 시대는 선악정사(善惡正邪)의 판단 기준을 잃었다. 판단의 절대적 기준을 잃었다. 잃었다기보다는 인정하지 않으려 한다. 유용성이 진리가 되어버렸다. 실용주의와 상대주의에 철저히 물들었다. 자기에게 유익하고 자기가 좋으면 옳다고 생각한다. 소피스트 프로타고라스가 가장 추앙받는 시대에 살고 있다. '인간이 만물의 척도'라는 궤변이 개인의 판단 기준이 되었다. 그러기에 이유야 어찌 되었든지 능력이 있을수록 좋다고 생각하게 된 것이다.

그리스도인들의 판단 기준도 이러한 세태에 깊이 물들었다. 아무리 하나님의 말씀이고 하나님의 준엄한 명령이라고 하더라도 자기가 좋아하지 않으면 그것은 진리도 생명도 아니라고 여기며 따르지 않는다. 자기 마음에 맞고 유익하면 기를 쓰고 덤비지만 그렇지 않으면 철저히 외면한다.

자기 확신에서 시작하여 하나님을 대상(수단)으로 하고 세상적인 부귀영화를 목적으로 하며 그것이 마치 하나님의 영광이라고 여기는 시대에 살고 있다. 자기 꿈이 이루어지고 자기 욕망을 채우는 것이 어찌 하나님의 영광인가? 세속적 욕망과 성공을 신앙의 목적으로 삼고 그것을 하나님의 영광이라고 착각하는 사람들이 의외로 많다. '종교, 예! 교회, 아니요!'라고 현대인들의 종교성을 분석한 사람도 있듯이 다른 종교와 구별되지 않는 기독교는 좋아하지만, 절대적 진리를 주장하는, 다른 종교와 구별되는, 분명한 기독교는 싫어하는 사람들이 점차로 늘어나서 대세를 이루고 있다. 너무 심한 표현일까? 그렇다면 오히려 좋겠다.

디모데후서 3:1～5에서는 판단의 기준을 잃고 자기 욕심대로, 자기 좋을 대로 아무렇게나 살아가는 현대인들의 모습을 보여주고 있다. 성경에서는 이런 사람들에게 돌아서라고 분명히 명령한다. 그런데도 현대 기독교인들은 오히려 그들과 하나가 되려고 한다. 이러한 자들에게서 철저히 돌아섰던 사도 바울은 성경을 절대적 기준으로 삼았기 때문에 아시아에 있는 모든 사람들로부터 버림과 많은 고난을 받았다(디모데후서 1:15). 하나님의 말씀을 절대적 기준으로 삼고 따르는 자들은 바울처럼 하나님의 말씀을 절대적 기준으로 삼지 않는 모든 사람들로부터 버림받고, 고난을 겪을 것이다. 그것은 성경이 이미 가르쳐 준 사실이다. 그렇다면 하나님의 말씀을 절대적 기준으로 삼고 따르는 자들은 그렇지 않은 모든 사람들로부터 버림받음과 많은 고난을 받을 각오를 해야 한다. 만일 그것을 두려워한다면 신앙생활을 바르게 할 수 없다.

그러나 분명히 알아야 한다. 성경을 절대적 기준으로 삼지 않고 세속에 타협하며 자기 유익만을 따르는 자는 이 세상에서는 쉽고 편하게 살아갈지 모른다. 하지만 결국은 하나님을 대적하게 될 것이고, 버려지는 자가 되어 천국에서 제외될 것이다.

(1994년 5월 어느 날)

6. 성철열풍(性徹熱風)

11월 4일 조계종 종정 성철 스님이 세상을 떠났다. 불교도들은 그가 열반했다고 한다. 열반이란 일체의 번뇌와 속박에서 해탈하여 불생불멸(不生不滅)의 높은 경지에 이르는 것을 의미하는데 불교도들은 성철 스님이 그런 높은 경지에 이르렀다고 생각하고 있다.

매스컴에서는 연일 그의 상상을 초월하는 수행을 앞다투어 소개하고 있다. 그는 장좌불와(長坐不臥) 10년을 했다고 한다. 방바닥은 물론 벽에도 등을 대지 않고 10년을 버텼다고 한다. 참으로 끔찍한 수행으로 현재까지는 최고의 기록이라고 한다. 그뿐만 아니라 이보다 더 힘든 수행도 했는데 용맹정진(勇猛精進)이라는 수행방법이다. 이 수행방법은 장좌불와(長坐不臥)에 아예 잠도 자지 않고 버티는 것으로 일 년 중 절반을 이렇게 살았다고 한다. 아무나 할 수 없는 인간의 한계를 넘나드는 대단한 수행을 한 것에 대하여는 칭송받을 만하다.

그가 세상을 떠난 지 나흘째인 11월 7일의 신문 보도를 보면 조문 행렬이 무려 2km를 메웠고 2만여 명의 조문객이 방문했다고 한다. 11월 10일 영결식에는 10만여 명이 참석했고 만장 1만 5천 개가 가야산을 덮었다고 한다. 서점마다 성철 특집 코너가 마련되어 그에 관한 책들이 유례없이 팔리고 있다고 한다. 매스컴마다 연일 특집이 마련되고 뉴스의 상당 부분을 차지하고 있다. 습골식에서 나온 사리가 석가 이래로 최대라며 대단해 한다. 과연 성철열풍(性徹熱風)이다. 이것이 언론과 일반인들의 관심이다. 이것이 그들이 존경하는 이유다. 그의 각고의 수행 노력은 참으로 놀랄 만한 것으로 인간적인 경외심을 불러일으키기에 충분하다. 그가 그런 수행과정에서 남긴 말들이나 생활에서 보여준 자세는 평상인들이 감히 흉내를 낼 수 없는 것들이다.

그러나 우리는 더 근본적인 것에 눈을 돌려야 할 것이다. 그것은 과연 그가 일체의 번뇌와 속박에서 해탈하여 불생불멸(不生不滅)의 높은 경지에 이르렀는가 하는 것이다. 인간이 노력하면 해탈할 수 있을까? 그렇다면 얼마나 고된 수행을 해야 할까? 모든 삶을 포기하고 그처럼 상상을 초월하는 끔찍한 수행을, 보통 사람들은 흉내도 낼 수 없는 그런 수행을 해야만 해탈할까? 조선일보의 C 기자는 "무사히 계획한 대로 수행을 마친다고 다 도(道)를 트는 것은 아니다. 도통의 길은 멀고도 험하다는 사실을 다시금 알려주는 성철 스님의 열반이다."라고 기사를 썼다. 그 어렵다는 용맹정진(勇猛精進)을 몇 번씩 할 정도로도 해탈할 수 없어서 이 세상을 떠날 때까지 거듭해야 했다니 도통(道通)의 길은 그렇게도 멀고 험한 것일까?

석가와 그의 뒤를 따르는 자들의 길은 안개 자욱한 골짜기를 내려가는 것 같은 느낌을 준다. 말하자면 오리무중(五里霧中)! 무엇인가 있을 것 같은 길, 어찌 보면 무지개같이 잡힐 듯하고 신비롭게 여겨져 끈질기게 추구하는 길, 그것이 해탈의 길은 아닐는지…. 그 길은 확실하지도 않은 것을 위해, 다소간의 확률도 보장되지 않는 것을 위해 자기의 모든 소유와 전 생애를 거는 모험 같은 것은 아닐까? 자기의 모든 소유와 전 생애를 건 성철의 모험은 누구도 감히 흉내 내기 어려운 대단한 것이었다. 그러나 그 모험의 결국이 진정 일체의 번뇌와 속박에서 해탈한 불생불멸(不生不滅)의 높은 경지일까? 그는 정말 문자 그대로 열반에 든 것이 틀림없을까? 그의 일생은 참으로 사력(死力)을 다한, 인간이 할 수 있는 최대의 노력을 기울인 삶이었으나 어쩌면 허공을 향해 사투(死鬪)한 것은 아닐까?

그의 말대로 '물은 물이요 산은 산'이 아닐까? 하나님께서 만드신 물은 물일 뿐이요, 산은 산일 뿐이며, 인간은 인간일 뿐이다. 그 이상도 그 이하도 아니다. 인간은 인간 이상일 수 없다. 별의별 수행을 다 한다고 하더라도 인간은 인간을 뛰어넘을 수 없다. 신(神)이 될 수 없다. 하나님이 될 수 없다. 해탈할 수 없다. 물은 물일 뿐이요, 산은 산일 뿐이다. 인간은 인간일 뿐이요, 하나님은 하나님일 뿐이다. 이 사실을 겸손하게 인정하고 인간의 헛된 수행을 포기해야 한다. 아무리 대단해도 헛될 뿐이다.

"다른 이로서는 구원을 얻을 수 없나니 천하 인간에 다른 이름을 우리에게 주신 일이 없음이니라(사도행전 4:12)."

(1993년 11월 어느 날)

7. 성철 스님은 해탈했을까?(열반과 환생)

티베트의 승왕(僧王) 달라이라마의 스승인 8살 난 링 림포체라는 소년이 성철 스님이 세상을 떠난 지난 연말 한국에 다녀갔다. 링 림포체는 티베트의 6, 11, 13대의 승왕(僧王)과 현 14대의 승왕(僧王)의 스승을 지내다 입적한 링 림포체가 환생(還生)했다는 인물이다. 어떻게 받아들여야 할까?

환생(還生)은 불교의 윤회설(輪回說)에서 나온 것이다. 윤회설에 따르면 인간의 영혼은 마치 수레바퀴가 돌아가는 것과 같이 그가 쌓은 업(業)에 따라 천상(극락), 인간, 수라, 축생, 아귀, 지옥의 육도(六道)를 돌아다니며 끊임없이 생(生)을 전개해 나간다고 한다. 그들의 교리에 따르면 극소수의 해탈(解脫)하여 열반(涅槃)에 든 자, 부처가 된 자만이 윤회를 벗어나고 대부분 인간은 윤회한다. 그렇다면 티베트의 존경받았던 정신적 지도자 링 림포체조차도 부처가 되는 것은 고사하고 천상계에도 들어가지 못하여 인간으로 환생했다는 것인가? 그러면서도 그는 대단한 존경과 대접을 받고 있다. 그렇다면 누가 얼마나 수행을 해야 부처가 될 수 있는가? 그 정도라면 보통 사람들이 부처가 될 가능성은 어느 정도라고 할 수 있는가? 그렇다면 성철 스님은 열반에 들어 부처가 되었을까? 아니 죄송하지만, 천상계에나 드셨을까? 아니면 어느 인간으로 환생이라도 했을까? 궁금하다. 그 혹독한 수행과 범상치 않은 삶에도 불구하고!

성철 스님은 이 문제에 대하여 평소에 어떻게 생각했을까? 그것이 궁금하다. 그는 1982년 초파일 법어에서 극락(천상)이 있다고 믿는 것은 사람이 잠을 잘 때 꿈속에서 잠꼬대하는 소리와 같다고 하였다. 그는 사람이 만들어 놓은 부처는 허수아비에 불과하며 사람이 마음을 떠나서는 일체가 존재할 수 없으므로 사람들은 언제나 용심할 수 있는 넉넉함을 항상 지녀야 한다고 하였다. 그는 점이나 부적이나 삼재풀이, 살풀이, 전생(前生)의 죄를 말하는 것은 모두 미신이기 때문에 여기에서 벗어나 깨닫는 승려, 깨닫는 불자들이 되라고 간곡히 부탁했다.

결국, 불교도들이 그렇게도 존경했던 성철 스님조차도 환생을, 전생을, 윤회를 부정했다는 얘기다. 당대의 석학 이성호(李星湖)는 그의 『성호사설(星湖僿說)』 9권 인사문(人事門)에서 환생을 마귀가 하는 짓이라고 일축하면서 "이치를 궁구해 보지 않고 기이한 일을 만들어서 보니 가소(可笑)롭다."라고 했다.

불교 경전에 이런 내용이 나온다. 키사 코타미라는 여인에게 외아들이 있었다. 어느 날 그 외아들이 죽게 되었는데 그 충격으로 그 여인은 정신이 돌았다. 그리하여 죽은 아들의 시체를 등에 업고 거리로 나가서 아들을 살려 줄 사람을 찾아 이 마을 저 마을을 헤매고 다녔다. 마침 석가의 여신도 하나를 만나게 되었는데 그가 기원정사라는 절에 찾아가서 석가를 만나면 이 아이를 살려줄 것이라고 하였다. 죽은 아이를 데리고 온 이 여인을 본 석가는 "여인이여, 죽은 아이를 살리려면 겨자씨가 있어야 하느니라. 오래된 집만을 찾아가 집을 지은 이후로 한 사람도 죽어 나가지 않은 집에서 겨자씨를 얻어 와야 하느니라." 라고 가르쳐 주었다. 이 여인은 마을로 내려와 겨자씨를 찾았으나 겨자씨는 얻기가 쉬웠지만, 사람이 죽어 나가지 않은 오래된 집은 한 집도 찾을 수가 없었다. 결국, 찾고자 하는 겨자씨는 구하지 못하고 석가모니 앞으로 돌아왔다. 아무 말도 안 하고 고요히 눈을 감고 있는 석가의 모습을 보고 비로소 꿈에서라도 깨어난 듯 이 여인은 석가의 지혜를 발견하고 아들을 산에 묻고 돌아와 석가의 제자가 되었다는 것이다.

왜 석가모니가 도저히 있을 수 없는 어처구니없는 요구를 했을까? 키사 코타미라는 여인이 석가모니가 요구한 내용 자체를 사실(진리)로 믿고 평생을 바쳤다면 어떻게 되었을까? 그것은 석가모니가 원하는 것과는 정반대의 길을 가는 것이 아니었을까?

석가는 29세에 입산하여 6년 동안 뼈와 살을 깎는 고행 끝에 35세에 도(道)를 깨친 후 3년 동안 쉬지 않고 교화제도(불교에서 중생을 고해에서 건져 극락으로 이끌어 주는 것)를 했으나 실패했다고 한다. 그래서 석가는 어리석은 중생을 구제하기 위하여 자기의 지혜를 묘하게 꾸민 이야기 즉 방편(方便)으로 교화제도를 하기 시작했는데 그 결과 큰 결실을 얻었다고 한다. 그 후부터 석가는 방편이 아니고는 다른 모든 가르치는 일을 하지 않았다고 한다.

그렇다면 앞에서 소개한 불교 경전의 실화도 석가가 방편을 사용한 것임을 곧 알 수 있다. 방편은 그 자체를 사실로 받아들이기보다는 그 의도를 읽어야 한다. 그래서 성철 스님도 전생이니 환생이니 윤회를 얘기하는 것이 미신이라고 한 것이 아닐까? 이성호의 말대로 이치를 궁구해 보지도 않고 기이한 일을 만들어서 보는 것은 어리석은 일이다. 그의 말대로 그것은 마귀가 하는 짓이다. 방편으로 한 이야기를 사실로 받아들이고 거기에 매인다면 방편 본래의 목적과는 정반대로 가는 것이며 어리석은 것이다. 그것을 깨닫기까지는 아직 진리에 아득히 멀다.

"어리석은 자는 온갖 말을 믿으나 슬기로운 자는 그 행동을 삼가느니라(잠언 14:15)."라고 성경에서는 말한다. 하와가 사탄의 공교한 말을 곧이곧대로 믿으므로 타락했다. 에덴동산에서 쫓겨났다. 말의 의도를 먼저 파악하지 못하고 말 자체에 매이면 낭패를 본다.

"누구든지 헛된 말로 너희를 속이지 못하게 하라. 이로 인하여 하나님의 진노가 불순종의 아들들에게 임하나니 그러므로 저희와 함께 참여하는 자가 되지 말라(에베소서 5:6~7)."

헛된 말에 속아 하나님의 진노를 받는 어리석은 자가 되지 말 것이다.

(1994년 3월 어느 날)

8. 사리(舍利)와 사리(事理)

성철 스님이 세상을 떠난 후 많은 사람이 그에게서 얼마나 많은 사리(舍利)가 나올까에 큰 관심을 가졌었다. 200여 과의 사리(舍利)가 나오자 석가모니 이후 최대라며 화제에 떠올랐다. 그러나 그 후 두 달도 채 못 되어 사리(舍利)로 성철 스님을 평가하던 사람들의 입이 다물어졌다. 그것은 조기순 씨라는 할머니에게서 성철 스님의 두 배에 달하는 413과의, 그것도 영롱한 사리(舍利)가 나왔기 때문이다. 그 할머니에게서 나온 사리(舍利)의 진위 여부도 충무 성광사 스님에 의해서 이미 판별이 되었고 누구든지 확인할 수 있도록 경남 고성군 고성읍 소재 봉광사에 안치되었다.

어떻게 평생 이루 말할 수 없는 고된 수행을 한 성철 스님보다 훨씬 많은 사리(舍利)가 정신박약자인 조기순 할머니에게서 나올 수 있었을까? 그 이유를 누가 어떻게 알 수 있는가? 다만 그 할머니의 삶만이 그 주변에 있는 사람들에 의해 전해지고 있을 뿐이다. 그녀는 1919년 경남 고성군 내암면에서 태어나 비정상아(정신지체인)로 평생을 살았다고 한다. 그는 18세에 그 근처 동해면의 천씨 집안의 재취 자리로 시집을 갔으나 임신 중에 소박을 당하고 그 후 7개월 후 딸 순덕을 낳았는데 그 딸아이는 가족들에 의해 몰래 고아원에 맡겨졌다고 한다. 조기순 씨는 아무 연고도 가족도 없이 동냥으로 연명하다가 동생 갑순 씨 집에서 40여 년 전부터 함께 살아왔으며 그에게는 특별한 종교를 신종한 일도 없었고 선행이나 공적이나 수행이 있었던 것도 아니었다고 한다.

봉광사 주지 스님은 "조기순 씨의 전생은 큰 부처였음이 틀림없다."라고 했다. 이 또한 이해할 수 없는 설명이다. 성철 스님보다 더 많은 사리(舍利)가 나온 이유가 그 전생이 큰 부처였기 때문이라…. 그렇다면 고된 수행을 통하여 끈질긴 윤회의 끈을 끊어버리고 해탈한, 그래서 부처가 된 자가 다시 윤회의 세계로 돌아왔다는 말인가? 불교의 교리를 잘은 모르지만, 기본교리와 상충하는 이상한 주장이 아닌가? 그렇다면 전생에 큰 부처였던 그가 왜 윤회의 세계로 다시 돌아와 그것도 정신지체인으로 태어났단 말인가? 큰 부처에게도 정신지체인으로 태어나야 할 무슨 업보가 있었단 말인가? 아니면 정신지체인으로서의 조기순 씨와 같은 삶을 사는 것이 인간이 살아야 할 삶의 표준이며 지향해야 할 목표라는 것을 보여주기 위한 큰 부처의 대자대비(大慈大悲)한 희생이었단 말인가?

사리(舍利) 자체에 매여 성철 스님과 조기순 할머니를 평가하려니 이런 억지 주장이 나오는 것이 아닐까? 황당하다. 사리(舍利)에 매여 사리(事理)에 어두워진 것이 아닌가? 사리(舍利)에 매여 사리(事理)에 어두워진 자들이 너무도 많다. "이치를 궁구해 보지도 않고 기이한 일을 만들어서 보니 가소롭다."라는 이성호의 말이 생각난다.

사람이 무엇인가에 얽매이게 되면 자유를 잃는다. 어떻게 사리(舍利)를 가지고 사람을 평가하려 하는가? 그들의 정신적 숭고성이나 해탈 여부, 또는 그 정도를 물질인 사리(舍利)로 평가할 수 있는가? 생각 자체가 너무 유치하여 기가 막힌다. 그 유치한 주장에 놀아나는 군중들은 또 무엇인가? 어떻게 정신이 물질로 환원될 수 있는가? 어떻게 영적인 것을 물질로 환원할 수 있겠는가? 어떻게 천국을 세상과 같은 차원에서 이해할 수 있는가? 천국을 어떻게 시간과 공간의 개념으로, 물질적 개념으로 이해할 수 있는가? 사리(事理)에 어긋난다.

부활이 없다고 말하는 사두개인들이 예수님께 찾아와 이렇게 시험하였다. "부활이 없다 하는 사두개인들이 그 날에 예수께 와서 물어 가로되, 선생님이여 모세가 일렀으되 사람이 만일 자식이 없이 죽으면 그 동생이 그 아내에게 장가들어 형을 위하여 후사를 세울지니라 하였나이다. 우리 중에 칠 형제가 있었는데 맏이 장가들었다가 죽어 후사가 없으므로 그의 아내를 그 동생에게 끼쳐두고 그 둘째와 셋째로 일곱째까지 그렇게 하다가 최후에 그 여자도 죽었나이다. 그런즉 저희가 다 그를 취하였으니 부활 때에 일곱 중에 뉘 아내가 되리이까?(마태복음 22:23~28)" 그때 예수님께서 이렇게 대답하셨다. "예수께서 대답하여 가라사대 너희가 성경도 하나님의 능력도 알지 못하는 고로 오해하였도다. 부활 때에는 장가도 아니 가고 시집도 아니 가고 하늘에 있는 천사들과 같으니라(마태복음 22:29~30)."

초월의 세계, 영적인 세계, 천국을 시간과 공간으로, 고정된 세상적 개념으로 이해하려는 것 자체가 유치하고 어리석다. 사마리아 여인이 "우리 조상들은 이 산에서 예배하였는데 당신들의 말은 예배할 곳이 예루살렘에 있다 하더이다(요한복음 4:20)."라고 예배의 장소에 집착할 때에 예수께서 가라사대 "여자여 내 말을 믿으라. 이 산에서도 말고 예루살렘에서도 말고 너희가 아버지께 예배할 때가 이르리라. 너희는 알지 못하는 것을 예배하고 우리는 아는 것을 예배하노니 이는 구원이

유대인에게서 남이니라. 아버지께 참으로 예배하는 자들은 신령과 진정으로 예배할 때가 오나니 곧 이때라. 아버지께서는 이렇게 자기에게 예배하는 자들을 찾으시느니라. 하나님은 영이시니 예배하는 자가 신령과 진정으로 예배할지니라(요한복음 4:21~24).”라고 하셨다. 시간과 공간에 집착하는 물질적 사고로 어떻게 신령한 것을 알 수 있겠는가? 식물(食物)에 집착하여 고기 먹는 문제에 대하여 왈가왈부(曰可曰否)하며, 또 날을 구분하여 따지는 자들을 향하여 사도 바울은 “하나님의 나라는 먹는 것과 마시는 것이 아니요, 오직 성령 안에서 의와 평강과 희락이라(롬 14:17).”라고 하였다.

사람은 물질에 매일 수밖에 없다. 세상에 매일 수밖에 없다. 그래서 모든 것을 물질과 세상적인 개념으로 환원하려는 유혹에 빠질 수밖에 없다. 사리(舍利)에 매여 사리(事理)에 어긋날 수밖에 없다. 여기에서 벗어날 수 있는 길은 무엇인가? 예수님께서 이렇게 말씀하셨다.

“진리를 알지니 진리가 너희를 자유롭게 하리라. 저희가 대답하되 우리가 아브라함의 자손이라 남의 종이 된 적이 없거늘 어찌하여 우리가 자유롭게 되리라 하느냐? 예수께서 대답하시되 진실로 진실로 너희에게 이르노니 죄를 범하는 자마다 죄의 종이라. 종은 영원히 집에 거하지 못하되 아들은 영원히 거하나니 그러므로 아들이 너희를 자유롭게 하면 너희가 참으로 자유하리라(요한복음 8:32~36)."

(1994년 4월 어느 날)

9. 분위기 신앙, 취하는 신앙

인간에게는 감정이 있다. 이 감정은 환경이나 사건, 대상에 따라 수시로 변한다. 즉 분위기에 따라 변한다. 분위기에 따라 변하는 감정을 기분이라고 하는데 인간은 감정이 있기에 기분에 따라 움직일 수도 있다. 순간적인 기분에 따라 움직이는 사람들도 있는데 이런 사람들을 기분파라고 하기도 한다. 어떤 사람이든 정도의 차이는 있지만, 기분의 영향을 받는다. 기분으로부터 완전히 자유로울 수는 없다. 그러나 항상 기분에 따라 움직인다면 곤란하다. 성숙한 인간일수록 감정을 잘 다스리며 기분에 좌우되지 않는다.

기분에 따라 움직이는 변덕스러운 사람을 대하기란 정말 난처하다. 기분에 따라 움직이는 사람일수록 신경질적이다. 심하면 언제 터질지 모르는 시한폭탄 같기도 하다. 이런 사람들은 주변 사람들을 불안하게 한다. 그에 비하여 인간미 넘치는 인간은 정당한 감정을 살릴 줄 알지만, 감정에 지배받지는 않는다. 분위기를 도외시하거나 무시하지는 않지만, 분위기에 휘말리거나 기분에 영향을 미치지 않는다.

신앙생활에서도 이러한 현상이 그대로 적용된다. 감각으로 느껴지는 육체적 체험을 추구하거나 감정을 흥분시켜 황홀감과 도취감을 조장하는 신앙인이 우리 주변에는 의외로 많다. 그런 신앙인일수록 기분에 따라 움직이는 변덕스러운 사람 같다. 대하기가 겁난다. 보는 사람을 불안하게 한다. 분위기를 조장하여 도취하려는 신앙인일수록 신앙생활이 불규칙하고 기복(起伏)이 심하다. 때로는 한없이 열광하며 자기와 같지 않은 사람은 인정하지 않고 교만하지만, 그렇지 않을 때는 한없이 낙망하며 나약하다. 한번 이런 신앙에 빠지게 되면 더 강렬한 황홀감과 도취감, 육체적 신비 체험을 추구하게 되고 일상생활과 일상적 신앙생활은 도외시하게 된다. 결국, 정통 기독교와는 전혀 다른 사이비적 상태에 이르게 된다. 대부분의 사이비 이단 집단들이 그런 모습을 보이는 것을 보아도 쉽게 이해할 수 있는 이야기다. 우리는 감정의 시녀가 되어서는 안 된다. 분위기에 말려들면 바른 판단을 할 수 없다. 정상적이고 정당한 신앙 감정과 신앙체험은 소중하게 여기되 감정이나 감정적 체험의 노예가 되면 곤란하다.

성령 충만을 술 취하는 것과 같은 식으로 오해하는 사람도 같은 부류라고 할 수 있다. 취하는 것은 어떤 한 가지에 몰두할 수 있고 황홀할 수 있지만, 그것은 몽롱해지는 비정상의 상태다. 취하는 것은 이성을 잃고 광란에 빠지는 것으로 소란스럽고 방탕(문란)한 것이다. 성령 충만을 황홀감에 취하는 것으로 착각해서는 곤란하다. 외부적 자극으로 황홀감을 자아내는 것이 성령 충만을 받는 것으로 오해해서는 안 된다. 무질서하고 광란해야, 황홀하고 몽롱해야 성령이 역사한다고 생각한다면 그것은 이미 하나님을 대적하는 바알의 무리에 불과하다.

심령 속 깊이 성령님을 모시고 인도받으며, 성령의 능력을 받아 알 수 없었던 성경 말씀들이 이해되고 믿을 수 없었던 내용이 믿어지며 상황을 뛰어넘어 심령으로부터 우러나오는 기쁨과 평안과 감사가 있고 일상의 모든 일을 믿음으로 질서 있게 처리한다면 이는 참된 성령 충만이다. 성령 충만한 사람은 분위기에 상관없이 말씀에 따라 살아가며, 기분을 지배하고 감정을 다스리며 살아간다. 분위기에 휩쓸리지 않으며 항상 성령으로 충만한 가운데 일상에서 하나님을 의지하며 참 기쁨과 평안과 감사가 넘치는 생활을 하는 정상적인 신앙인이 되고 싶다.

(1991년 12월 어느 날)

10. 점술열풍(占術熱風)

스포츠 신문과 일부 일간 신문에 '오늘의 운세'란(欄)이 상당한 지면을 차지하고 있다. 많은 잡지가 역학(易學)에 관한 내용을 앞다투어 싣고 있다. TV 드라마와 토크쇼 프로그램에도 심심치 않게 등장하고 있다. 역학에 관련된 책과 점술원에 대한 광고가 부쩍 늘고 있다. 역학을 내용으로 한 책이 베스트셀러에서 빠지지 않는다. 시내 곳곳에는 철학원이란 이름으로 점술원이 성업 중이다. 컴퓨터 점(占)과 전화 점(占)도 유행이다.

입시철이 되면 점술원이 대목을 맞는다고 한다. 족집게처럼 신통하게 알아맞힌다는 내로라하는 점술가들에게 갑부들과 고위직 정치인들이 드나든다고 한다. 입시철 못지않게 선거철에도 점술원은 호황을 누린다고 한다. 지난 김일성 사망 직후에는 약속이나 한 듯이 일부 신문들과 잡지들이 김일성의 죽음에 대해 정확히 죽는 날까지 알아맞혔다는 점술가들에 대해 대서특필했다. 그렇게 족집게처럼 정확하게 알아맞힌다면 미리 광고라도 하고 기자 회견이라도 했더라면 더 유명해졌을 텐데, 왜 일이 일어난 후에 그렇게 말하는 것일까?

주역을 누구보다도 깊이 연구했던 정약용은 무어라고 말했을까? "나는 모든 마음을 다해 주역을 공부해 온 지금까지의 10년 동안 단 하루도 젓가락 붙잡고 어떤 일에도 점을 쳐 본 적이 없다. 만약에 뜻이 이루어져 조정에 올려바칠 기회가 있게 되면 앞으로는 점치는 것을 엄금하도록 하겠다."라고 했다.

그리스도인 중에도 다급하면 점을 치는 자가 있고 일부 잘못된 자 중에는 예수 그리스도의 이름으로 점을 치고 있다. 그들의 점이 때로는 신통하게 맞기도 하고 어떤 점술가들은 상대적으로 점을 잘 치기도 할 것이다. 성경에도 고대로부터 점술가들이 많았으며 그중에는 신통하게 알아맞히거나 신통력을 발휘한 적이 있음을 말하고 있다(출애굽기 17~18). 그러나 그것은 거짓으로 꾸민 것이거나 사탄의 힘을 입은 것이다. 사도행전 16장에서도 귀신에게 붙들려 점치는 자에게서 귀신을 쫓아내자 그가 점을 치지 못하게 되었다고 말하고 있다.

때문에 복술자, 길흉을 말하는 자, 요술가, 무당, 진언자, 신접자, 박수, 초혼자 등은 모두 정죄의 대상임을 성경은 분명하게 말하고 있다. 하나님께서 가증이 여기시며(신명기 18:9~12), 심판하신다(요한계시록 21:8, 22:15). 하나님은 점치는 자를 절대 용납하지 말라고 하셨고(신명기 18:10~11), 무당을 살려두지 말라고 하셨다(출애굽기 22:18). 점술가를 추종하는 자를 그 백성 중에서 끊으라고 하셨고(레위기 20:6), 허탄한 묵시를 보며 거짓 것을 점치는 선지자를 쳐서 하나님 백성의 공회에 들어가지 못하게 하라고 하셨다(에스겔 13:9). 그러므로 점술은 듣지도 말아야 한다. 그가 비록 하나님의 종이라고 자처할지라도 예언이라는 미명(美名) 아래 허탄한 것을 보며 거짓을 점친다면 그들을 멀리해야 한다. 오직 하나님의 말씀을 믿고 의지하며 하나님의 긍휼만을 구해야 한다.

(1994년 8월 어느 날)

11. 기우제 유감(祈雨祭 有感)

40여 년 만의 극심한 가뭄으로 남부지방에서는 농작물이 말라 죽어가고 있다. 곳곳에서 문명의 이기(利器)를 총동원하여 밤낮으로 애써도 막을 길이 없다. 인간의 힘이 대자연 앞에서 얼마나 초라한가를 실감하게 한다. 자연을 다 정복한 것처럼 오만방자한 현대인들이 세계 곳곳에서 가뭄과 홍수와 이상 기온으로 고통을 받고 있다.

한편 자연을 의지하다 못해 숭배하고 있다. 심한 가뭄을 만난 남부지방에서는 곳곳에서 기우제(祈雨祭)를 지내고 있다. 기우제의 형태도 여러 가지인데, 보도에 따르면 김해에서는 4개면 수백 명이 인근 산에 올라 무덤을 파헤치는 해괴망측(駭怪罔測)한 기우제를 지냈다고 한다. 암장(暗葬)으로 부정을 타 산신령(山神靈)을 노엽게 했기 때문에 그 노여움을 풀어 비를 오게 하려고 주인 없는 무덤을 샅샅이 찾아내 파헤쳤다는 것이다. 끔찍한 일이다. 부산 동래 범어사(주지 정관 스님)는 7월 23일 부처의 법력으로 비를 청하는 청우제를 열고 부근 사찰들과 함께 2박 3일간의 청우제 정진(精進, 잠도 자지 않고 눕지도 않는 수행방법)에 들어갔으며, 비를 바라는 간절한 염원을 나타내기 위해 범어사 대웅전 앞마당에 길이 20미터, 폭 6미터의 초대형 괘불(掛佛)을 내걸었다고 한다.

그 겸허하고 간절한 마음과 정성은 이해할 수 있다. 그러나 집단으로 주인 없는 무덤을 파헤치거나, 스님들이 불교의 근본에도 어긋나는 미신화 된 청우제를 지내며 2박 3일 동안 정진을 하는 것이 과연 가상(嘉尙)한 일일까? 자연을 지배하고 다스리는 것은 산신령도 아니고 부처도 아니다. 인간은 더욱 아니다. 오직 하나님뿐이시다. 비를 내리시는 분도 하나님이시고 가물게 하시는 분도 하나님이시다. 이럴 때 그리스도인들은 기우제를 지내는 사람들에게 놀아나서는 안 된다. 기우제를 닮은 샤머니즘적 기도회도 경계해야 한다. 하나님의 긍휼을 구하는 기도가 마땅히 필요하지만, 그보다는 먼저 극심한 가뭄을 주시는 하나님의 뜻이 무엇인지 살펴야 한다. 우리에게 징계로 주시는 가뭄은 아닌지 깊이 살펴야 한다. 회개할 죄악이 무엇인지 살펴 회개하는 일이 우선이다. 가뭄은 우연이 아니다. 하나님의 뜻과 무관하지 않다. 세상의 어떤 일도 하나님의 뜻과 무관한 것은 없기 때문이다. 기우제식 기도회 전에 먼저 무릎 꿇고 하나님의 뜻이 무엇인지 살피자.

(1994년 8월 어느 날)

12. 간식 신앙

많은 기독교인이 성경을 읽고 공부하고 묵상하는 일을 어려운 일로 생각한다. 그것은 목회자들이나 특별히 열심 있는 사람들이나 하는 것이지 아무나 하는 것이 아니라고 생각한다. 왜 그렇게 생각할까?

성경보다 더 귀한 책은 없다. 성경 말씀보다 더 확실한 진리는 없다. 그런데도 성경은 가장 피상적으로 읽히고 있는 책 중의 하나가 되고 있다. 적어도 일부 기독교인들의 경우를 제외하면 대부분의 기독교인에게는 그렇다. 신앙 수필이나 설교집보다 훨씬 깊이 읽어야 할 성경이 그보다 못하다. 성경 말씀과 직접 대면하려고 진지하게 성경 앞에 자신을 세우는 자는 너무 드문 것 같다. 다른 사람들이 하나님을 대면한 사건이 나에게 전혀 은혜와 깨달음을 줄 수 없는 것은 아니지만 그것은 근본적으로 남의 이야기에 불과할 가능성이 크다. 다른 사람들이 성경을 통하여 예수님을 인격적으로 만나 변화되어도 자기 자신이 그렇지 않다면 그것은 적어도 자신에게는 이야깃거리에 불과할 뿐 아무 의미가 없다.

많은 사람이 영영사전, 영한사전, 한영사전, 국어사전, 옥편, 수십 권으로 된 값비싼 백과사전 등을 자신과 자녀들을 위하여 골고루 갖추어 놓고 세상 지식을 열심히 탐구한다. 그러나 목회자나 신학생 이외에 성경 사전, 성구 사전, 신학 사전, 성경주석 등을 골고루 갖추어 놓고 성경을 열심히 탐구하는 사람은 아직 본 적이 없다. 성경 사전 한 권 사기가 집 한 채 사기보다 더 힘들게 여겨지는 기독교인들이 많다면 너무 과장된 표현일까?

셀 수 없이 많은 교회에서 일천번제(一千燔祭)를 제사를 일천 회 드리는 의미로 받아들이고 있다. 이는 얼마나 많은 기독교인이 성경에 나오는 낱말 하나도 제대로 알아보려는 노력도 없이 피상적으로 신앙생활을 하고 있는지를 단적으로 잘 보여준다. 또 소수의 기독교인은 하루에 성경을 몇 장씩, 어떤 사람들은 수십 장씩 읽고, 심지어 필사까지 한다. 그런데 정작 그 말씀의 의미를 음미하는 일은 게을리한다. 성경 한 구절 한 구절에 담긴 의미를 생각하며 보화를 캐내듯 묵상하는 사람은 찾아보기가 힘들다. 더 심각한 것은 성경 말씀의 내용을 어떤 사건이나 사실로써 받아들이는 사람은 많으나 자신에게 말씀하시는 하나님과 대면하려는 사람은 매우 드물다.

생각보다 많은 이들이 말씀 한 구절, 한 구절에 대해서 자세히 논하는 설교는 지루해 하다 못해 견디지 못한다. 그래서 말씀의 참맛을 모른다. 왜 한 구절 한 구절의 성경 말씀과 대면하여 하나님의 뜻을 구하려고 하지 않는가? 현대인들이 인스턴트 식품을 즐기듯이 '쭈쭈바' 같은 설교, '콘' 같은 설교를 즐긴다. 당장 이해하기 쉽고 부담 없는 설교를 좋아한다. 진리를 구체적으로 탐구하고 묵상하는 자세가 아니라 감정을 불러일으켜서 거기에서 기쁨을 얻으려고 한다.

어린아이같이 '쭈쭈바'나 '콘'을 즐겨 먹다가 밥맛을 잃어 건강을 해치듯이 현대 기독교인들이 그런 설교나 즐기다가 영의 건강을 잃어가고 있다. 간식에만 맛을 들인 아이가 건강을 잃듯이 간식 설교에만 길들인 신앙은 건강할 수 없다. 이렇게 신앙생활 하면서 신앙이 어떻게 자랄 수 있는가? 기독교에 대한 지식과 종교적 경험과 교회 생활의 업적은 쌓일지 몰라도 여전히 어린아이에 머물 수밖에 없다. 이제 간식 신앙에서 벗어나야 한다. 건강하게 자라기 위하여!

(1991년 9월 어느 날)

13. 정년 퇴임을 앞둔 교장 선생님에 대한 바른 자세

십여 년 전 K 중학교에 근무하면서 질병으로 시한부 인생을 살고 계시던 L 교장 선생님을 모신 적이 있다. 아버지같이 느껴졌지만, 한편으론 무척 어려웠던 분이다. 어렵게 느껴지는 것이 당연하다고 생각했었다. 그런데 상상하지 못했던 일들이 벌어졌다. 선생님들이 교장 선생님의 말씀을 우습게 여겼다. 그분의 뜻이 무시당하고 있었다. 서른도 안 된 나에게는 큰 충격이었다. 아니, 언제 죽을지도 모르고, 만약 더 이상 영향력을 행사할 수 없다면 어른으로서, 지도자로서의 권위를 인정하지 않아도 되는가?

현재 모시는 K 교장 선생님의 정년 퇴임이 1년밖에 남지 않았다. 그래서인지 십여 년 전 K 중학교와 비슷한 분위기다. 이 빨 빠진 호랑이라고 공공연히 말하는 사람들도 있다. 사실 나도 그런 분위기에 휩쓸리고 있다. 십여 년 전의 충격이 없다. 사실 매년 이러한 취급을 학생들로부터 당해왔다. 그 때문에 그것이 정상인 것처럼 받아들이고 있는 것은 아닐까? 그렇다면 이런 자세가 과연 옳을까?

왕으로 기름 부음 받은 다윗은 하나님의 신(神)이 떠난 사울을 여전히 섬겼다. 그는 사울에게 쫓겨 다니며 생명의 위협을 느끼면서도 사울에 대한 예를 다하였다. 대부분 백성이 사울을 떠나고 자신을 따르며 환영할 때도 여전히 사울을 무시하지 않았다. 이것이 바른 자세임을 성경은 말한다. 사도 바울이 옥에 갇히고 언제 순교할지 모르는 상황이 되었을 때 모두 그 곁을 떠났지만, 누가만은 함께 있으면서 바울을 수종(隨從)들었다(디모데후서 4:10~11). 이것이 성경이 가르쳐 주는 바른 자세다. 다윗처럼 이 빠진 호랑이 같은 분들도 섬기는 자세로 살고 싶다.

(1994년 8월 어느 날)

왜 돌아갔을까?

1. 왜 돌아갔을까?

"예수께서 길에 나가실 때 한 사람이 달려와서 꿇어앉아 묻자오되, 선한 선생님이여 내가 무엇을 하여야 영생을 얻으리이까? 예수께서 이르시되, 네가 어찌하여 나를 선하다 일컫느냐 하나님 한 분 외에는 선한 이가 없느니라. 네가 계명을 아나니 살인하지 말라, 간음하지 말라, 도적질하지 말라, 거짓증거 하지 말라, 속여 취하지 말라, 네 부모를 공경하라 하였느니라. 여짜오되, 선생님이여 이것은 내가 어려서부터 다 지키었나이다. 예수께서 그를 보시고 사랑하사 가라사대, 네게 오히려 한 가지 부족한 것이 있으니 가서 네 있는 것을 다 팔아 가난한 자들을 주라. 그리하면 하늘에서 보화가 네게 있으리라. 그리고 와서 나를 좇으라 하시니 그 사람은 재물이 많은 고로 이 말씀으로 인하여 슬픈 기색을 띠고 근심하며 가니라(마가복음 10:17~22)."

왜 돌아갔을까? 왜 슬픈 기색을 띠고 근심하며 돌아갔을까?

그에게 있어서 영생은 급히 달려올 만큼 절박한 문제요, 허리를 굽힐 만큼 중요한 문제였음에도 불구하고 단지 재산이 많다는 이유 하나로 그저 돌아갈 수밖에 없었는가? 길바닥에 꿇어앉아 간절하게 구할 만큼 가치 있는 영생의 문제를 단지 물질 때문에 포기해야만 했는가? 자존심을 죽이고 예수님께 달려와 꿇던 그 열정과 간절함과 진지함을 다 내팽개치고 슬픈 기색을 띠고 근심하며 힘없이 고독한 모습으로, 후들거리는 다리로 돌아가야만 했던 이유가 무엇인가?

젊은 청년의 나이에 이미 큰 부자가 되어 물질적 풍요를 만끽할 수 있었고 관원으로서 사회적 위치와 명예도 확보되었던 그가 얼마나 영혼의 갈증을 느꼈으면 체면 불고하고 자존심을 버리고 달려와 길바닥에 무릎을 꿇고 앉아 영생의 문제를 구했을까? 계명을 다 지켰다고 자부할 만큼 떳떳하고 흠 없는, 도덕적으로도 종교적으로도 모범적인 삶을 살았다고 생각한 그에게도 참 행복과 평안이 없었단 말인가? 그 좋은 세상의 조건들을 거의 다 갖추고도 영생의 문제는 여전히 풀리지 않고 삶은 무의미하고 답답했단 말인가? 얼마나 답답했으면 그렇게 자신을 최대한 낮추고 예수님께 왔을까? 아니 그렇게까지 자신을 굽히고 간절한 마음으로 왔다면 어떻게 해서든지 영생(永生)의 문제를 해결 받고 갈 일이지 왜 힘없이 그냥 돌아간단 말인가?

예수님으로부터 그 길이 분명히 주어졌음에도…. 체면도 자존심도 모두 포기할 수 있었지만, 물질만은 도저히 포기할 수 없었단 말인가?

왜 그랬을까? 내세 문제를, 영생의 문제를 그렇게 진지하고 간절하게, 그리고 소중하게 여겼는데…. 그가 영생에 대하여 잘못 본 것이 틀림없다. 영생의 진정한 가치를 발견하지 못한 것이 분명하다. 뭔가 잘못 판단해도 크게 잘못 판단한 것이 확실하다. '내가 무엇을 하여야 영생을 얻으리이까?' 무슨 공로로, 무슨 업적으로, 무슨 행위로 영생을 얻을 수 있다고 생각했단 말인가? 예수님께서 "계명을 지켜라."라고 하실 때 "내가 다 지키었사오니 아직도 무엇이 부족하나이까?"라고 묻는 것을 보면 그 행위로 영생을 얻을 법도 한데…. 그는 무언가 크게 잘못 판단하고 있다. 계명의 정신도 본질도 모르고 다만 외적인 행위만 보고 있는 것이 분명하다. "가서 네게 있는 것을 다 팔아 가난한 자들을 주라."라는 말씀에 순종하지 못했던 것을 보면 그는 분명 계명의 본질도 정신도 모른 채 외적 행위에만 충실했던 것 같다. 어떻게 "내가 다 지키었사오니 아직도 무엇이 부족하나이까?"라고 반문할 수 있는가? 계명의 본질, 그 정신을 안다면 자신이 도저히 계명을 지킬 수 없음도 보았을 것이다.

몰라도 너무 몰랐다. 율법의 정신에 주의하게 하여 그 자신이 할 수 없는 죄인임을 깨닫게 하시고 그다음에 예수님을 따르도록 하신 의도를 그렇게도 모르고 어떻게 영생의 문제를 해결 받을 수 있겠는가? 간절하게 구한다고, 진지한 자세를 갖는다고, 겸손한 태도를 보인다고 될 일인가? 잘못 보아도 한참 잘못 보았다. 그는 처음부터 잘못 보았다. 예수님께서 "네가 어찌하여 나를 선하다 일컫느냐? 하나님 한 분 외에는 선한 이가 없느니라."라고 말씀하실 때 자신의 어리석음을 깨달아야 했다. 단순한 인간으로서의 존경을 거부하신 인간 되신 하나님으로서의 예수님을 보아야 했다. 그의 인간적인 안목을 완전히 바꾸어야 했다. 단지 외적인 행위만 가지고 계명을 완전하게 지키었다고 생각한 것도 크게 잘못 판단한 것이다. 인간적인 눈으로서가 아니라 하나님의 기준으로 보아야 했다. 인간을 중심으로 한 생각에서 하나님을 중심으로 하는 안목의 대전환이 필요했다.

영적인 것은 세속적인 안목으로는 그 가치를 온전히 평가할 수 없다. 세속적인 눈으로 보는 영생의 가치는 아무리 귀하게 여겨도 기껏 많은 물질로 환산할 수 있는 정도이다. 영생이 모든 물질을 포기하면서까지 얻을 수 있는 가치가 있는 것일까라고 의심할 수밖에 없다. 적어도 영생을 절대화시킬 수 없다. 그에게는 물질적 풍요로 평가할 수 없는 영생은 의미가 없다. 우리는 어느 때보다도 물질주의가 팽배한 시대에 살고 있다. 물질문제 때문에 신앙생활을 경원시하거나 포기하는 자들이 많다. 물론 반대로 물질의 풍요를 누리기 위해 신앙생활 하는 사람들도 많다. 세속적인 복을 누리기 위해 어떤 사람들은 교회를 떠나고 반대로 교회에 들어오기도 한다. 그들은 모두 때로는 세속적인 복을 누릴지도 모르나 그들의 세속적인 안목이 바뀌지 않는 한 진정한 하나님의 복을 누리지는 못할 것이다. 영원히!

물질을 포기했는가? 아직도 영생의 가치를 물질적 가치와 저울질하고 있는 것은 아닌가? 그 부자 청년만큼이나 어리석은 짓이다. 그리스도의 눈으로 보아야 한다. 그리할 때 무엇을 함으로써가 아니라 오직 모든 것을 포기하고 하나님만 의지하는 믿음으로 영생을 얻고 그 기쁨으로 예수님을 따를 수 있게 될 것이다.

(1993년 5월 어느 날)

2. 성탄과 재림에 경배할 자

가난한 자들을 돌아보지도 않고 성경공부만 해서 무엇하냐고 L 선생이 목소리를 높인다. 행동이 없는 종교는 죽은 종교라는 것이다. 가난한 자들을 돕는 등의 도덕적 행위가 종교의 전부인 양 말한다. 기독교를 도덕 종교인 유교적 관점에서 비판한다. 그는 기독교와 유교를 구별하지 못하며, 도덕과 종교를 동일시하는 것 같다.

기독교는 무도덕(無道德)한 종교가 아니다. 아니 도덕을 매우 강조한다. 하지만 도덕 그 자체는 아니다. 도덕을 초월한다. 물론 삶이 없는 신앙은 무의미하다. 신앙은 이론이 아니라 삶이다. 그러나 도덕도 아니요, 행위규범도 아니다. 그런데도 너무 많은 기독교인이 도덕과 율법(행위규범, 의식)에 빠진다. 그 결과는 자명하다. 신앙의 본질로부터 이탈한다.

세례자 요한은 예수님을 그리스도(메시아, 구세주)로 믿고,

예수 그리스도의 길을 예비하는 것이 자기에게 주어진 사명임도 알았다. 그리고 그 사명에 최선을 다하려고 하였다. 그러나 옥에 갇힌 후 예수님께서 과연 그리스도이신가에 대하여 확신할 수 없었다. "오실 그이가 당신이나이까, 우리가 다른 이를 기다리이까?" 도대체 어떻게 그럴 수가 있을까? 성령의 증거를 받았고 예수님과 직접 대면하여 확인도 하였고 예수님을 그리스도라고 직접 증거도 하였던 그가 그럴 수 있는가? 어찌 그렇게 되었는가? 세례자 요한은 본연의 사명에서 벗어났다. 그는 빛에 대하여 증거 할 사명을 띠고 하나님으로부터 보냄을 받은 사람이었기에 빛에 대하여, 진리에 대하여 증거해야 했다. 예수님이 그리스도이심을 증거 하는 것으로 그의 삶은 충분하고 만족스러운 것이었다. 그런데 세상일에 끼어들었다. 헤롯 안티파스가 형제의 아내 헤로디아를 취한 것은 율법이 금하는 근친상간의 죄를 범한 것이라고 지적함으로써 옥에 갇혔다. 세속에 끼어듦으로써 본연의 사명을 잃게 되고 예수는 그리스도이심에 대한 믿음까지 흔들리게 되었다.

도덕과 율법에 빠지면 신앙의 본질에서 벗어날 위험성이 크다. 세속에 빠지면 믿음은 흔들린다. 세속정치 문제나 L 선생과 같은 류(類)의 주장에 빠지면 세례자 요한과 같이 주어진 코스(course)를 벗어나게 되고 예수님으로부터 멀어진다. 무엇이 중심이고 본질인지, 자기에게 주어진 사명과 코스(course)가 무엇인지 모르고 주변적인 것과 남의 코스(course)에 빠지면 실족할 수 있다.

성탄절을 10여 일 앞두고 있다. 성탄과 관련하여 이해할 수 없는 일 중의 하나는 사가랴와 엘리사벳이 첫 성탄에 예수님께 경배하러 오지 않았다는 사실이다. 도대체 그럴 수가 있는가? 마리아의 문안함을 보고 성령이 충만하여 그리스도 되신 예수님의 잉태를 알아보았던 엘리사벳이 아닌가? 그의 아들 세례자 요한이 아이를 낳을 수 없는, 늙은 자신에게서 하나님의 기적적인 은혜 가운데 예수 그리스도의 길을 예비할 자로 탄생한 것도 익히 알고 있었는데 어떻게 그럴 수 있는가? 사가랴와 엘리사벳, 그들은 세례자 요한 탄생 6개월 후에 예수님께서 마리아를 통하여 탄생하실 것을 누구보다도 정확히 알고 있었으면서도 어찌 그럴 수 있었는가? 이해할 수 없는 일이다. 세례자 요한과 같은 경우가 아닐까?

우리의 죄를 담당하시기 위하여 오셨던 예수님께서 이제 다시 오신다. 성령 충만하여 하나님을 찬양하며 예수님을 그리스도로 알며 증거까지 했으나 주님께서 재림하실 그때에는 이해할 수 없는 행동을 할 사람들이 또 얼마나 많을까? 수많은 바리새인과 제사장들과 서기관들과 백성의 장로들은 다 어디에 가고 어찌 동방박사들과 양 치던 목동들과 시므온과 안나만이 예수님께 경배를 드렸는가? 또다시 성탄절을 맞으며 예수님의 재림을 앞두고 무엇이 중심이고 본질인지, 자신에게 주어진 코스(course)가 무엇인지 자신을 점검해야 한다. 기쁜 마음으로 재림하시는 주님을 경배할 수 있도록!

(1992년 12월 어느 날)

3. 개인 정보 유출보다 더 큰 죄

"개인정보 유출죄가 얼마나 큰지 모르십니까? 국가에서도 법으로 정해서 개인 신상에 관한 정보를 함부로 유출하지 못하게 하려고 계획 중이지 않습니까? 그런데 교사가 교육적인 목적 이외에 학생의 정보를 함부로 빼내어 사용해도 됩니까?" 학생들의 주소를 빼내어(?) 전도 편지를 보낸 것에 대해 시비하는 전화 내용이다. 물론 개인 신상이나 사생활의 정보가 본인이 원하지 않는 가운데 유출된다는 것은 불쾌한 일이다. 그것이 범죄에 이용된 것이든 어떤 개인의 이익을 위하여 사용된 것이든, 아니면 단순히 호기심에 의한 것이든지를 막론하고 본인이 원하지 않는 한 보호받아야 마땅하다.

그러나 다시 한번 생각해 보아야 할 점이 있다. 세상의 상식으로는 그러한 생각이 대체로 옳다. 그렇지만 하나님을 믿는 믿음 안에서 생각을 해 보면 전혀 다를 수 있다는 점이다. 복음을 전하고 가르치는 일을 세상의 상식과 규범의 테두리 안에서만 행하려 한다면 사실 신앙으로 살 수 없는 경우가 많다. 신앙 안에서 받아들일 상식이 있고 지켜야 할 규범이 있다. 그러나 때로는, 아니 대부분의 경우에는 신앙으로 받아들일 수 없는 상식이 있고 어길 수밖에 없는 규범도 있다. 그렇지 않다면 그리스도인의 길이 어찌 좁은 길이라고 할 수 있으며 어찌 핍박을 받겠는가? 또 어찌 고난을 받을 수 있겠는가? 세상 상식대로 살고 세상 규범을 충실하게 지키며 사는 사람이 어찌 순교를 당할 수 있겠는가? 우리는 법과 도덕을 포함한 모든 사회규범과 상식을 믿음 안에서 재정립하고 성화시켜야 한다. 우리 삶의 양식, 곧 문화를 신앙 안에서 새롭게 해석하고 성경 말씀에 맞도록 변화시켜야 한다.

자신이 하나님을 믿는다고 하면서, 더구나 '목사'라면서, 교사가 학생의 주소를 빼내어 전도 편지를 보냈다고 하여 개인정보 유출죄를 들먹이며 화를 낸다는 것은 인간의 상식으로는 이해가 되지만 믿음으로는 받아들일 수 없다. 불신자들에게는 항의를 받는다 하더라도 적어도 '목사님'에게는 칭찬받을 일을 한 것이 아닐까? 물론 어떤 오해가 있을 수도 있다. 그렇다면 먼저 그 오해를 풀기 위한 대화를 하는 것이 개인정보 유출죄를 들먹이는 것보다 먼저가 아닐까? 그분의 태도는 인간 상식으로는 충분히 이해가 되고도 남는다. 그러나 불신자도 아니고 일반 신자도 아닌 목사가 그런 일에 대해 시비를 걸며 복음전파를 방해한다는 것은 하나님 앞에 참으로 부끄러운 일이다. 무엇이 더 중요하고 무엇이 덜 중요한지, 무엇이 절대적이고 무엇이 상대적인지도 모르는 사람 같다. 왜 세상 상식과 규범을 가지고 신앙의 문제를 풀려고 하는가? 이런 자세는 육신에 속한 젖먹이 어린아이의 유치한 모습이다. 신앙의 문제를 세상 상식과 규범을 가지고 해석하고 정리하고 판단하면 거기에는 신앙이 깃들 틈이 없다.

개인 주소를 알아내어 전도 편지를 보내는 것과 교사가 학생의 주소를 교육 이외 전도를 위해 사용한 것이 위법 행위라면 기꺼이 처벌을 받겠다. 그러나 그것이 개인정보 유출죄에 해당하는지는 의문이다. 그리고 그 죄가 크면 얼마나 크겠는가? 하나님 앞에서 보면, 신앙의 안목으로 보면 그것은 아무 죄도 아닐 수 있다. 아니 분명 죄가 될 수 없다. 물론 사회에 물의를 일으키지 않도록 세심한 주의를 할 필요가 있다. 그러나 “복음을 전하고 가르치며 제자로 삼으라.”라고 하시는 예수님의 지상명령(至上命令)을 순종하지 못하고 방해한다면 그것은 더욱 큰 죄다. 성경은 분명히 이렇게 분부(명령)한다. “하나님 앞과 산 자와 죽은 자를 심판하실 그리스도 예수 앞에서 그의 나타나실 것과 그의 나라를 두고 엄히 명하노니, 너는 말씀을 전파하라. 때를 얻든지 못 얻든지 항상 힘쓰라. 범사에 오래 참음과 가르침으로 경책하며 경계하며 권하라(디모데후서 4:1～2)."

(1992년 6월 어느 날)

4. 무감각과 불감증의 죄

"당신은 신앙생활 중에서 영적인 도전을 받은 경험이 있습니까? 그때 어떻게 대처하였습니까? 실패의 경험과 성공의 경험들을 구체적으로 나누어 보십시오." 두란노서원에서 발행하는 월간 경건 생활 '생명의 삶'의 주말 성경공부에 나오는 연구문제 중 하나다. 신앙생활 중에서 영적인 도전을 받은 경험에 대해서도, 그때 어떻게 대처했는지도, 실패의 경험과 성공의 경험들이 어떠했는지도 막연하다.

이것이 무엇을 의미하는가? 영적으로 무감각해져 있다는 증거가 아닐까? 심지어 오늘 새벽기도회의 성경 말씀이 무엇이었는지도 기억에 희미하다. Q.T.를 하면서도 나에게 주시는 말씀(적용)이 적고 막연하다. 밑줄을 긋고 특별한 표시를 하면서 때로는 감동을 하면서 성경과 신앙 서적들을 읽지만, 며칠도 안 되어 까마득히 잊어버린다. 자극적이며 도전적인 말씀들을 들어도 별 감각이 없다. 아무리 큰 사건을 통하여 일깨워 주셔도 그때뿐이다. 돌아서면 그만이다. 현대인의 무감각증, 현대 그리스도인의 영적 불감증에 물들어 가는 자신을 발견한다. 감격하는 초신자들을 보면서 '나도 그런 적이 있었지. 그러나 시간이 지나면….' 식의 자세를 가질 때가 많다. 아모스 시대의 이스라엘 모습과 방불하다. 종교적 의식은 포기하지 않지만, 아니 더욱 화려하고 거창하게 포장하나 마음은 하나님에게서 멀어진 모습.

지난 수요일 늘노래 선교단을 초청하여 찬양전도 집회를 했다. 한 단원이 그의 가장 큰 어려움은 경제적인 것도 아니고 가족과 자주 떨어져야 하는 것도 아니라고 했다. 그가 가장 어렵고 힘들 때는 다름 아니라 하나님의 사랑과 은혜에 대한 감사와 감격을 잃고 무감각할 때라고 했다. 그렇다. 적어도 진정한 그리스도인이라면. 배우자에 대한 사랑의 감격을 잃을 때 결혼생활의 위기가 찾아오듯이, 하나님의 사랑과 은혜에 대한 감격이 식을 때 신앙의 위기가 온다. 그래서 주님은 이렇게 말씀하신 것이 아닌가? "비유컨대 아이들이 장터에 앉아 서로 불러 가로되 우리가 너희를 향하여 피리를 불어도 너희가 춤추지 않고 우리가 애곡을 하여도 너희가 울지 아니하였다 함과 같도다(눅 7:32)."

원인이 무엇인가? 나름대로 열심히 살아왔는데. 예배와 기도회와 Q.T.와 교회 봉사와 전도에도 열심이었는데. 그렇다. 주님을 인격적으로 가까이하지 못한 까닭이다. 자기를 가까이 한 까닭이다. 세속을 가까이 한 까닭이다. 자기를 부정하지 못한 상태에서 자기 유익을 구한 까닭이다. 깊은 내면에 그것이 자리 잡고 있었던 까닭이다. 주님과의 인격적 교제에 진지하지 못한 까닭이다. 시편 기자는 "하나님을 가까이함이 내게 복이라(시 73:28)."라고 하지 않았는가? 주님과의 진지한 인격적 교제가 있어야 한다. 주님과 진지하게 동행해야 한다. 그럴 때만 주님의 사랑과 은혜에 대한 감사와 감격으로 살 수 있다. 주님과의 형식적이고 의식적인 교제에서 벗어나 성령과 진리로 주님과 진지하게 교제해야 한다. 모든 일을 다 접어두고 먼저 조용히 진지하게 주님을 만나야 한다. 이보다 더 중요하고 시급한 일이 어디 있겠는가?

진리를 찾기 위해 성철 스님은 방바닥은 물론 벽에도 등을 대지 않은 채 10년을 버텼다지 않는가? 또 아예 잠도 자지 않고 매년 1년의 절반을 보냈다지 않는가? 구름 잡는 일을 위해서도! 하물며 친히 찾아오신 진리의 주님을, 주어진 진리의 말씀을 피상적으로 대해도 되는가? 이제 주님과의 인격적 교제를 위하여 진지하게 말씀 앞에, 주님 앞에 서자. 그것만이 진정한 의미에서 신앙으로 사는 길이다.

(1994년 1월 어느 날)

5. 그리스도인의 모본 Y 선생님

한국교회에는 훌륭한 목사의 모델은 그런대로 많지만 훌륭한 그리스도인(평신도?)의 모델은 그리 흔하지 않다. 혹시 있다고 하더라도 집사나 장로로서의 모델이지 직업을 가진 그리스도인으로서 귀감이 될 만한 그런 모델은 찾기가 거의 불가능하다고들 한다. 실제 그렇다. 여러 학교와 여러 교회를 다녀보면서 실감한다. 내가 목회자가 된다면, 또는 장로가 된다면 어느 누구처럼 하면 될 것 같은 그런 인물들은 그리 어렵지 않게 찾을 수 있다. 그러나 직장에서 그리스도인으로서 어떻게 살아야 하는가를 고민하면서 아무리 찾아보아도 선뜻 누구처럼 하면 되겠다 싶은 인물이 보이지 않는다. 한국교회의 약점 중 하나가 그것이라고 하는 사람들도 있다. 그만큼 직장에서 그리스도인으로서 모범적인 삶을 산다는 것이 어렵다는 증거다. 교회에서는 집사나 장로로서의 모범을 보여도 그가 직장에 와서는 신앙과 무관한 직장생활을 하는 경우가, 지나친 표현일지 모르나, 대부분이다.

기독교 역사상 유례를 찾아보기 힘든 엄청난 교회의 성장을 자랑하는 한국교회이지만 여전히 어느 나라보다도 기업과 관공서가 부패하다. 심지어 기독교인들을 중심으로 구성된 직장, 아니 목회자들을 중심으로 구성된 교회나 신학교조차도! 제6공화국에 들어서서 그동안 소문으로만 들렸던 추문들이 사실로 드러나고, 그 중심에는 교회를 통하여 존경스러운 인물로 부각되었던 그리스도인들이, 불신자들과 구별되지 않는 그런 추악한 삶을 살았던 것으로 밝혀지고 있다. 그들은 삶의 가장 솔직한 현장인 직장에서는 신앙으로 살지 못했다. 그들의 신앙생활은 교회 생활에만 국한된, 형식화된 신앙생활이었다. 가정생활이나 직장생활과 철저히 분리된 신앙생활, 그런 이중적인 신앙생활은 진정한 의미에서 성경적인 신앙생활이 아니다. 돈 벌고 출세하는 것이 신앙과 별개의 것이라면, 옥한흠 목사의 지적대로 예수님을 갈릴리의 분봉왕처럼 대우하는 어리석은 사람이다. 삶의 모든 영역이 신앙으로 영위될 때 비로소 예수님을 만유의 주님으로 섬기는 것이 된다. 목회자를 포함하여 모든 그리스도인이 이것을 명심해야 한다.

나는 Y 선생에게서 그리스도인의 모델을 찾는다. 그동안의 직장생활을 통하여 겨우 발견한 흔하지 않은 모델이다. 그는 임용고사를 통하여 다시 교단에 서게 되었는데 그 목적이 복음을 전하고 가르치기 위함이라고 했다. 그렇다고 그가 직장인으로서의 직무를 소홀히 하면서 전도하고 성경을 가르치는 일에만 열을 올리는 것은 아니다. 그랬다면 그는 내가 찾던 그리스도인의 모델이 아니었을 것이다. 직장 일에 태만하면서 전도하고 성경을 가르치는 일에만 열을 올린다면 그런 사람도 역시 예수님을 갈릴리의 분봉왕처럼 대우하는 어리석은 사람에 불과할 것이다. 직장 일을 놓고 전도하는 일에만 열을 올리는 것이 마치 신앙이 좋은 것같이 추켜세우는 것은 신앙생활이 무엇인지 아직 모르는 사람이다.

폴 스티븐스(R. Paul Stevens)의 말대로 사역의 일에 매달리는 사람이 아니라 일의 사역을 추구하는 사람을 하나님께서는 기뻐하신다. 일의 사역을 추구하는 그가 참된 그리스도인의 모델이다. 많은 목회자와 그리스도인이 사역의 일로 분주하다. 예배와 기도와 성경공부와 심방과 전도와 여러 가지 봉사로 분주하다. 그러나 그것 자체로 끝나는 경우가 허다하다. 그러나 그렇다면 하나님 앞에서는 아무 의미가 없다. 왜냐하면, 그것은 하나님께서 원하시는 것이 아니기 때문이다. 그것은 고작 예수님을 갈릴리의 분봉왕 정도로 취급하는 것이기 때문이다. 하나님께서는 삶의 모든 영역에서 우리의 주님이 되시기를 원하신다. 그렇다면 삶 전체가 예배와 기도와 전도와 헌신이 되어야 한다. 한 마디로 일의 사역자가 되어야 한다는 것이다. 직장에서 그리스도인의 모델을 찾기가 힘든 이유도 일의 사역을 제대로 추구하지 못하고 신앙과 삶을 이원적으로 분리하여 허덕이기 때문이다.

Y 선생은 한 마디로 일의 사역을 추구한다. 수업지도와 생활지도, 사무처리와 교직원 관계, 교육계의 문제들을 속된 것이라고 이원적으로 분리하여 대충 해치우는 그런 비신앙적인 태도를 보이지 않는다. 직장과 관계된 일들을 신앙으로 해석하여 신실하게 수행하려고 한다. 특별활동의 성가반 활동이나 학생들과의 성경공부, 선생님들과의 성경공부 모임을 통하여 직접 복음을 전하고 가르치는 일에 열정을 보이지만, 그것으로 그치지 않는다. 학생들의 학업 지도, 생활지도, 사무처리, 교직원 간의 인간관계, 교육현안 등에 대하여 신앙으로 소화하고 그 일들을 통하여 자신을 살피고 그리스도를 드러내려고 애쓴다. 그는 교회에서도 역시 충실한 그리스도인으로 살고 있다.

내가 그에게서 성도(평신도)의 모델을 찾는 것은 실수가 없이 완벽하다거나 지혜와 수완이 뛰어나기 때문이 아니다. 그에게도 실수가 있고 약점이 있고 미숙한 점도 많다. 내가 그에게서 그리스도인의 모델을 찾는 것은 디아스포라(흩어진 교회)로서 철저히 그리스도의 몸으로 살려고 힘쓴다는 데 있다. 그는 사역의 일로 얽매이지 않으면서 일의 사역을 끈질기게 추구한다. 그것이 하나님께서 원하시는 바요, 기뻐하시는 것이기에 감히 그를 그리스도인의 모델로 삼는다. 하나님께서는 하나님의 뜻에 바르게 순종하는 그와 함께 근무하는 특권을 주셔서 나를 깨우쳐 주신다. 지금 나에게는 어느 훌륭한 목사님이나 장로님의 모델이 필요한 것이 아니라 훌륭한 그리스도인 직장인의 모델이 필요한 것이다. 그를 통하여 직장의 일들을 진지하게 신앙으로 해석하려는 노력을 배운다. 까다로운 선생님들과 학생들 앞에서 표정을 부드럽게 고치게 하시며 고개를 숙이게 하시며 이해하고 감싸주는 마음을 가지게 하신다. 하나님께서 한국의 모든 직장마다 그와 같은 그리스도인들을 많이 세워주시기를 간구한다.

(1993년 7월 어느 날)

6. 초대교회의 기적이 필요한 탄자니아 선교

H 선교사의 탄자니아 선교 보고는 잠자고 있는 나에게 큰 충격을 안겨 주었다. 그곳은 생각 이상으로 살벌하고 비참한 영적 전장의 최전선이라는 느낌을 받았다. 그곳은 6개월간 건기에는 푸른 풀 한 포기도 볼 수 없고 먼지만 날리며 기온은 무려 섭씨 50도까지 치솟는다고 한다. 또한, 우기에는 플라스틱 그릇뿐만 아니라 옷을 담은 통에서도 전갈이 나오며 잔디에는 독사가 있고 모기와 파리는 말할 수 없이 많다고 한다. 그곳은 말라리아가 극성이어서 두세 달에 한 식구가 번갈아 가며 말라리아를 앓는데 바늘에 찔리는 듯한 말로 표현할 수 없는 고통을 당한다고 한다. 병원과 약국이 없어서 약을 구하고 치료받는 것이 쉽지 않고 시설도 형편없어서 치료다운 치료도 받기 힘들다고 한다. 먹고살기가 얼마나 어려운지 떼를 지어 나타나서 개 밥그릇을 훔쳐 갈 정도라고 한다. 방송국도 없어서 전혀 소식이 닿지 않고 사람들이 굶주리고 병들어 죽어가도 손을 쓸 수 없으며 건축 자재가 모자라서 건물을 지으려면 4~5년이 걸린다고 한다. 그래서 그는 왕복 1,000km가 훨씬 넘는 곳에서 밤새도록 건축 자

재를 실어 오게 되는데 그때마다 집에 강도들이 나타나기 때문에 온 가족을 함께 태우고 다녀야 한다고 한다. 그 가운데 아이들이 말라리아로 죽어가는 위기를 여러 번 겪기도 하고 차가 전복되는 위험을 수도 없이 당했음에도 사역을 지속하고 있다고 한다.

그에 따르면 그곳은 초대교회의 기적과 역사가 없이는 선교가 불가능한 곳이라고 한다. 바울과 베드로에게 나타났던 죽은 자를 일으키고 병자를 고치며 독사에 물려도 해를 받지 않는 하나님의 기적과 능력 없이는 복음이 들어갈 수 없는 곳이란다. 사탄과의 싸움이 실감 나는 곳이라고 말한다. 자기 가족이 사는 집은 전갈과 독사가 유독 많아서 원주민 형제에게 그 이유를 물으니 선교사의 집이기 때문이라고 하더란다. 다른 이유가 없다는 것이다. 복음을 막기 위해 이모저모로 방해하고 대적하는 사탄의 궤계를 몸으로 느끼며 산다고 한다.

사도 바울은 이렇게 고백했다. “형제들아, 우리가 아시아에서 당한 환난을 너희가 알지 못하기를 원치 아니하노니 힘에 지나도록 심한 고생을 받아 살 소망까지 끊어지고 우리 마음에 사형 선고를 받은 줄 알았으니 이는 우리로 자기를 의뢰하지 말고 오직 죽은 자를 다시 살리시는 하나님만 의뢰하게 하심이라(고린도후서 1:8~9).”

모든 고난을 자기를 의뢰하지 않고 오직 하나님을 의뢰하게 하시는 하나님의 은혜로 믿고 사는 사람은 복되다. 나에게 닥치는 모든 고난을 이러한 믿음으로 받아들여야겠다. 영적 전장에서 자기를 의뢰하고는 승리할 수 없다는 것을 알고 하나님만 의뢰하는 자가 되는 것이 필요하다. 고난을 통한 하나님의 인도하심을 보고 하나님을 신실하게 의뢰하는 자가 되는 것이 마땅하다.

사도 바울의 고백대로 '헬라인이나 야만이나 지혜 있는 자나 어리석은 자에게 다 내가 빚진 자(로마서 1:14)'가 아닌가? 나는 탄자니아의 어려운 자들에게도 빚진 자다. 사도 요한도 "그가 우리를 위하여 목숨을 버리셨으니 우리가 이로써 사랑을 알고 우리도 형제들을 위하여 목숨을 버리는 것이 마땅하니라(헬라어로 '빚진 것이니라.'의 뜻)(요한일서 3:16)."라고 했다. 각성해야겠다. 무사안일과 나태에서 벗어나야겠다. 나에게도 복음을 전할 사명이 주어졌고 직분을 맡았고 복음의 빚을 졌으니 부득불 복음을 전해야 하지 않겠는가?

"내가 복음을 전할지라도 자랑할 것이 없음은 내가 부득불 할 일임이라. 만일 복음을 전하지 아니하면 내게 화가 있을 것이로라. 내가 내 임의로 이것을 행하면 상을 얻으려니와 임의로 아니한다 할지라도 나는 직분을 맡았노라(고린도전서 9:16~17)."

(1993년 7월 어느 날)

7. S 교회로 옮겼던 진짜 이유와 그 어리석음

P 교회는 일꾼이 많은 교회다. 재정 형편도 넉넉하고 부교역자도 여럿이다. 그래서 그 교회에 일 년 남짓 출석하다가 S 교회로 옮겼다. P 교회는 일자리가 없고 S 교회는 일자리가 많다는 것이 그 이유였다. 그것이 당연한 것처럼 여겨졌다. 아니 당연한 정도가 아니라 매우 잘한 일이라고 생각되었다. 그래서 그런 이유로 교회를 옮긴 것에 대하여 다른 사람들에게 자랑스럽게 이야기했다.

당시 P 교회에서 성가대원과 제직회 서기로서는, 이명하자마자 그런 직분을 맡긴 것은 그 교회로서는 파격적인 대우(?)였지만, 나에게는 양이 차지 않았다. 학생회나 청년회는 지도하는 전담 목사가 따로 있었다. 우리 가족의 헌금은 그 교회의 재정 형편에는 있으나 없으나 별다른 영향을 줄 수 없는 정도에 지나지 않았다. 그래서 결국 S 교회로 옮겨 성가대원, 제직회 서기, 학생부장 겸 지도교사, 남전도회 회장 등을 1년도 채

안 되어 맡기 시작했다. 헌금도 교회 재정에 상당히 크게 도움이 되는 것 같았다.

그러나 그것은 매우 잘못된 생각이었다. 일자리를 찾아서 작은 교회로 간 것은 사실은 자신의 위치 확보와 종교적 성취감을 맛보기 위한 것에 불과했다. 부지불식간(不知不識間)에 마음 깊숙이 그런 잘못된 인간적 계산과 욕심이 자리 잡고 있었다. 달동네 수준인 철둑 너머 마을에 자리 잡은 그 교회는 못 배우고 못사는 사람들이 주된 구성원들이었다. 그 교회에서 나의 교육 수준은 최고의 수준이었고, 가난한 사람들이 유난히 많았던 교회라서 우리 가정의 십일조는 그 교회에서 다섯째 안에 들었다. 그만큼 교회에 큰 유익을 줄 것으로 생각했다. 그러나 그런 생각이 하나님 앞에 얼마나 교만한 생각인가? 이러한 자세가 하나님 보시기에 얼마나 어리석고 죄악된 것인가? 당시에는 그것을 몰랐다. 신앙이 어리면 그럴 수밖에. 하나님은 말씀 한마디로 모든 것을 다 하실 수 있다. 모든 것의 주인으로 모든 것을 다 소유하신 분이시다. 돌들로도 아브라함의 자손이 되게 하실 수 있는 분이시다. 우리에게 전도도 하게 하시고 말씀을 가르치게도 하시고 헌금도 하게 하시며 여러 가지 봉사를 하게 하시는 등 여러 가지 사역들을 맡기시는 것은 우리를 사랑하사 그 사역들을 통하여 우리를 거룩하게 다듬으시고 상 주시기 위함이다.

그러기에 주님께서 친히 이렇게 말씀하시지 않으셨는가?

"너희 중에 뉘게 밭을 갈거나 양을 치거나 하는 종이 있어 밭에서 돌아오면 저더러 곧 와 앉아서 먹으라 할 자가 있느냐? 도리어 저더러 내가 먹을 것을 예비하고 띠를 띠고 나의 먹고 마시는 동안에 수종 들고 너는 그 후에 먹고 마시라 하지 않겠느냐? 명한 대로 하였다고 종에게 사례하겠느냐? 이와 같이 너희도 명령받은 것을 다 행한 후에 이르기를 우리는 무익한 종이라 우리의 하여야 할 일을 한 것뿐이라 할지니라(누가복음 17:7~10)."

자신이 하는 일들이 하나님 나라에 무슨 큰 보탬이라도 되는 것 같이, 자신이 아니면 하나님이 크게 아쉽기나 하신 것 같이 착각하는 것은 아직 신앙이 유치한 수준에 있다는 증거다. 내가 하나님께 충성하고 헌신하는 것 자체가 은혜요, 특권이요, 복이다. 그저 감사할 뿐이다. 무익한 종이 당연히 해야 할 일을 한 것에 불과하다. 그렇다면 자신의 위치 확보와 종교적 성취감을 맛보기 위하여 교회를 옮기거나 선택하는 것은 더더구나 하나님 앞에 크게 책망받아 마땅한 무거운 죄악이다. 이제 이러한 자기를 부정하고 진정한 의미에서 주님의 무익한 종이라는 자세를 가지고 겸손하게 충성해야겠다.

(1993년 11월 어느 날)

8. 설마 전쟁이야 나겠어요?

일본의 노무라 종합연구소에서는 최근 '한반도 정세와 북동아시아의 안정'이란 제목의 한반도 정세 분석 보고서를 발표했다. 그 요지(要旨)는 북한에 대한 제재가 단행될 경우 북한은 대규모 군사 공격을 감행할 위험성이 있다는 것이다. 연일 매스컴을 통하여 보도되는 내용을 살펴보면 상당히 긴박한 국면으로 접어들고 있다는 느낌을 받는다. 겉으로는 설마 전쟁이 나겠느냐 하면서도 내심으로는 걱정이 되는지 너도나도 앞다투어 생필품을 평소보다 몇 배로 사들이고 있다. 쌀, 라면, 통조림, 건빵 등 비상 식품과 부탄가스, 건전지, 물통 등은 평소보다 4배에서 10배 이상 수요가 폭발하고 있다고 한다. 이영덕 국무총리는 15일 TV 3사와의 회견에서 생필품이 충분하니 사재기를 자제해 달라고 하였다. 증시에서도 연일 주가가 폭락하고 서울 강남구의 일부 지역에서는 예탁금 인출 사태가 일어나고 있다. 이에 경실련과 대한 YMCA 연맹, 흥사단 등 사회단체가 '사재기 몰아내기 범국민운동'을 벌이고 있다.

전쟁이 나면 전쟁에서 이기든 지든 간에 엄청난 피해를 보는 것은 당연하다. 한 예로 원자력 발전소가 미사일 폭격을 받는다면 줄잡아 5,000~13,000km²의 지역이 방사능에 오염되어 상상을 초월하는 비극적 사태를 맞게 된다고 한다. 그러기 때문에 대부분의 사람들은 제발 전쟁이 없기를 바란다. 어느 재독 교포교회에서는 전쟁 위기의 타개를 위하여 매일 한 끼씩 금식하면서 기도하고 있다고 한다. 많은 교회가 국가안보를 위하여 기도하고 있다. 제발 전쟁만은 막아주시기를 간절히 기도하고 있다.

R 선생은 "그리스도인으로서 전쟁이 날 것 같으냐?"라고 묻는다. 그럴 수도 있다고 대답했다. 제발 전쟁만은 없기를 바라지만 바란다고 되는 일이 아니다. 이스라엘에 죄악이 관영할 때 하나님은 전쟁의 막대기를 드셨다. 그 하나님께서 동일하게 이 민족을 향하여 전쟁의 막대기를 드실 수도 있다. 예외가 될 수 없다. 하나님의 은혜로 역사상 유례를 찾아보기 힘들 정도로 교회가 성장했으며 경제부흥도 이루었다. 하지만 지금 우리의 모습은 어떤가? 라오디게아 교회와 같이 미지근할 뿐만 아니라 영적인 면에서 실상은 곤고하고 가련하고 가난하고 눈이 멀고 벌거벗었으나 '부자라 부유하여 부족한 것이 없다.'라고 착각하고 있다. 무관심과 태만과 자만심으로 가득 채워져 있다.

그리스도인들만이라도 불신자들과 구별된 경건한 삶을 살아야 한다. 세속의 부와 권력을 의지하기보다는 하나님을 의지해야 한다. 그리스도인들만이라도 서로 화해하고 연합해야 한다. 특별히 기독교계의 지도자들은 더더욱 그렇다. 그러나 어디에서 그런 모습이 보이는가? 도무지 입에 담기 거북할 만큼 세상 사람들보다 더 세속적인 모습을 보인다. 잘 믿는다고 자처하는 사람일수록 '독사의 새끼'라고 책망을 받았던 바리새인과 서기관들의 모습은 아닐까? 자아로 가득 찬 모습들이다. 하나님께서 이러한 우리를 징계하시지 않는다고 생각한다면 착각이다. 임박한 하나님의 진노를 피할 수 있다고 생각한다면 오산이다. 회개해야 한다. 철저히 회개해야 한다. 니느웨처럼 회개해야 한다.

"왕이 그 대신으로 더불어 조서를 내려 니느웨에 선포하여 가로되 사람이나 짐승이나 소 떼나 양 떼나 아무것도 입에 대지 말지니 곧 먹지도 말 것이요, 물도 마시지 말 것이며 사람이든지 짐승이든지 다 굵은 베를 입을 것이요, 힘써 여호와께 부르짖을 것이며 각기 악한 길과 손으로 행한 강포에서 떠날 것이라. 하나님이 혹시 뜻을 돌이키시고 그 진노를 그치사 우리로 멸망치 않게 하시리라. 그렇지 않을 줄을 누가 알겠느냐 한지라. 하나님이 그들의 행한 것 곧 그 악한 길에서 돌이켜 떠난 것을 감찰하시고 뜻을 돌이키사, 그들에게 내리리라 말씀하신 재앙을 내리지 아니 하시니라(요나 3:7~10).”

전쟁의 위기가 감돌았던 급박한 상황에서 카터의 방북으로 핵위기 국면이 화해 국면으로 일시에 전환되었다. 어떤 사람들은 이제는 핵위기가, 전쟁의 위기가 우리 곁을 영원히 떠난 것으로 생각하기도 한다. 착각이다. 평안하다 할 그때 하나님의 징계가 임한다. 이 민족이 참으로 회개하지 않는 한 하나님의 진노를 피할 수 없을 것 같다. 전쟁의 징계가 아니고는 이 민족을 바로잡을 수 있는 길이 없는 것일까?

(1994년 6월 어느 날)

9. 천국의 비밀을 맡은 자의 고난

아내는 퇴근하고 집에 돌아온 남편에게 불쾌한 표정을 감추지 못했다. 무슨 기분 나쁜 일이 있었기에 그러는가? "왜?" 나도 기분이 상해서 퉁명스럽게 따지듯이 물었다. 알고 보니 최 아무개란 학생의 아버지가 전도 편지를 보내지 말라고, 상대방의 말은 아랑곳하지도 않고, 무려 4번씩이나 불쾌하게 시비를 걸었다는 것이다. 나는 그런 일로 화를 내는 아내가 못마땅했다. "너희를 핍박하는 자를 축복하라. 축복하고 저주하지 말라(로마서 12:14)."라고, "나는 너희에게 이르노니 너희 원수를 사랑하며 너희를 핍박하는 자를 위하여 기도하라(마태복음 5:44)."라고, "나를 인하여 너희를 욕하고 핍박하고 거짓으로 너희를 거슬러 모든 악한 말을 할 때는 너희에게 복이 있나니 기뻐하고 즐거워하라. 하늘에서 너희의 상이 큼이라. 너희 전에 있던 선지자들을 이같이 핍박하였느니라(마태복음 5:11~12)."라고 하시지 않았는가? 바울처럼 얻어맞고 옥에 갇힌 것도 아닌데 그 정도로 화를 낸단 말인가?

그런 생각에 마음이 상해 있는데 낮에 시비를 걸었다던 그 학부모로부터 다시 전화가 왔다. 끈질긴 인간이다. 가만히 공부하고 있는 학생을 교회도 아닌 이상한 데서 왜 부추기느냐, 시한부 종말론으로 학생들이 가출하고 있는데 자기 자식도 그렇게 만드는 것이 아니냐며 한참 동안 시비를 걸었다. 이상하고 잘못된 이단 취급을 당했다. 해명하려고 했지만 불쾌하게 거절하면서 자기 할 말만 하고 일방적으로 전화를 끊어버렸다. 너무도 불쾌하고 기분이 상해 큰 소리로 투덜거렸다. 이 정도의 일쯤은 웃어넘길 수 있으리라 생각했는데…. 별수 없는 인간. 온갖 못된 욕설을 담은 전화를 받고도 그저 웃어넘길 수는 없는가?

편지봉투에 분명히 전화번호를 인쇄했건만 그는 우체국 사서함 발송부에서 전화번호를 알아내는 열성을 발휘하였다. 첫 번째 편지에서 발송자에 대하여 구체적으로 소개를 하였는데도 제대로 읽어보지도 않은 모양이다. 물론 편지내용도 구체적으로 살펴보지 않았을 것이다. 그저 선입견으로 다섯 번씩이나 전화하면서 시비를 건 것이다. 그 열정 가지고 편지내용을 진지하게 음미해 보았다면 얼마나 좋았을까?

전도 편지에 대한 반응들이 부정적인 경우가 많다. C는 온 가족이 불교 신자여서인지 편지를 한사코 거부한다. 한 번만이라도 참고로 읽어보지 않겠느냐고 간곡히 권해도 기어이 거부했다. Y는 그의 아버지가 편지를 중간에 치우기 때문에 받아보지 못했단다. 개인적으로 전해 주면 읽어보겠노라고 한다. 고맙다. K는 온 가족이 성당에 나가기 때문에 필요 없으니 보내지 말라고 한다. 그래도 한 번 읽어보지 않겠느냐고 권해도 막무가내다. J! 그는 온 가족이 K 교단의 P 교회에 출석한다. 그런데도 전도 편지에 대하여 아주 불쾌하게 생각한다. 믿는데 왜 보내느냐는 것이다. 물론 처음부터 알고 보낸 것은 아니다. 문제는, 그 교회에 다니는 대부분의 학생들이 불쾌한 감정들을 표출했다는 것이다. 다른 경우보다 더욱 심하게. 왜 그럴까? 수고한다는 말 한마디쯤은 기대해 볼 만한데….

예수님께서 제자들에게 "천국의 비밀을 아는 것이 너희에게는 허락되었으나 저희에게는 아니 되었나니(마태복음 13:11)." 라고 말씀하셨다. 예수 그리스도의 복음이 우리에게는 감격스러운 소식이요, 은혜의 사건이지만 그들에게는 귀찮고 불쾌하기 짝이 없는 소리요, 어리석은 일이다. 복음이 그들에게는 가려졌기 때문에! 예수 그리스도가 감추어졌기 때문에! 듣기는 들어도 깨닫지 못하기 때문에! 마음이 완악하여져서 귀는 듣기에 둔하고 눈은 감았으니 눈으로 보고 귀로 듣고 마음으로 깨달아 돌이켜 예수님께 고침을 받을까 두려워하기 때문에! 복음을 두려워하는 자들이 의외로 많다.

그들로 인하여 하나님의 비밀을 맡은 자들은 고난을 겪을 수 밖에 없다. 사도 바울도 하나님의 비밀을 맡은 자로서 수많은 핍박과 고난을 받았으며 순교까지 당했다. 사탄에 속한 자는 사탄의 속임수에 사로잡혀서 예수 그리스도의 복음을 두려워하고 배척하며 방해할 뿐만 아니라 철저히 박멸하려 든다. 예수 그리스도의 복음은 천국의 비밀뿐만 아니라 사탄의 정체를 밝혀주고 사탄의 결박을 풀어주기 때문에 사탄은 모든 수단과 방법을 동원하여 복음을 막고 방해한다. 그러므로 우리는 사탄의 공격과 방해를, 그로 인한 고난을 이상한 일 당하는 것이 아니라 당연한 것으로 받아들여야 한다.

"의를 위하여 핍박을 받은 자는 복이 있나니 천국이 저희 것임이라. 나를 인하여 너희를 욕하고 핍박하고 거짓으로 너희를 거슬러 모든 악한 말을 할 때는 너희에게 복이 있나니 기뻐하고 즐거워하라. 하늘에서 너희의 상이 큼이라. 너희 전에 있던 선지자들을 이같이 핍박하였느니라(마태복음 5:10~12)."

(1992년 10월 어느 날)

10. 하나님만 바람이여

- 박성록 장로님의 회갑에 드리는 글 -

I

흰 목련의 꽃봉오리가 처녀의 손길같이 보드랍고 탐스럽다. 분홍빛 진달래며 노란 개나리가 활짝 피었다. 거기에 눈 덮인 듯 벗꽃이 만발했다.

꽃에 싸인 봄, 따스한 봄볕에 앉아 주위의 핀 꽃들이며 연록의 잎사귀들을 보노라면 내가 한 송이의 꽃이 되어가고 꽃 같은 이파리가 되어가는 듯하다.

이럴 때면, 하나님을 믿는 사람이라면 모두 그렇겠지만, 하나님을 찬양하지 않을 수 없다.

"주 하나님 지으신 모든 세계…."

"주의 손가락으로 만드신 주의 하늘과 주의 베풀어 두신 달과 별들을 내가 보오니(시 8:3)."

팔을 휘어 안고 나를 구원하신 하나님, 소망 되시는 하나님을 우러르며 묵상에 잠겨본다.

'나의 영혼아, 잠잠히 하나님만 바라라. 대저 나의 소망이 저로 좇아 나는도다. 오직 저만 나의 반석이시오, 나의 구원이시오, 나의 산성이시니 내가 요동치 아니하리로다(시 62:5~6).'

'나의 영혼아 잠잠히 하나님만 바라라.'

많은 환난 중에서도 항상 하나님만 잠잠히 바라며 굳건하게 신뢰했던 다윗을 생각해 본다. 다윗은 왕으로 기름 부음을 받았지만, 사울이 죽기까지 쫓겨 다니는 비참한 신세였고, 왕위에 오른 후에도 그의 아들 압살롬의 반역과 세바, 아도니아 등의 반역으로 고통을 받았다. 또 밧세바를 범한 것과 그 남편을 죽인 것으로 인한 죄책으로 무척 번민하였다. 그러나 그런 중에도 그의 심중에는 하나님을 굳게 신뢰했기에 요동치 않았으며 하나님께 헌신했다. 다윗의 시편들은 그의 고통과 번민을 잘 나타내 줄 뿐만 아니라 하나님을 향한 그의 마음 또한 잘 보여주고 있다. 그러한 그의 시는 때때로 나를 대변해 주는 것같이 느껴지기도 한다.

특히 시편 62편은 한 획 한 획이 나의 살과 나의 피같이 느껴진다. 순탄할 때든지 참기 어려운 고난의 때든지 잠잠히 하나님만 바랄 것은, 그분은 나를 아시고 나를 가장 좋은 길로 인도하실 것이기 때문이다. 다윗의 고백처럼 하나님만이 안전하게 설 수 있는 반석이시고 보호할 산성이시며 영광으로 이끌 구원자이시다. 그렇기에 어떤 경우에도 요동치 않는 것이다. 그런 하나님이시기에 그분을 시시로 의지하여 그 앞에 모든 심경을 토로할 수 있다.

크리스티나 로제티가 그의 시에서 고백했듯이 고통 가운데 평안하며 마음 내려앉는 실망에도 절망하지 않는다. 나를 사랑하시는 하나님께서 나의 소망을 넘치도록 이루실 것이기 때문이다. 나의 소망이 진실로 그를 좇아 난다.

II

공주 CCC는 이제 20여 년의 역사 속에서 신앙 선배들이 기도했던 바대로 '민족 복음화의 진원지', '복음의 못자리판'이 되어가고 있다. 여기 20여 년 동안 공주 CCC와 함께하시며 신앙의 본을 보이시고 여러 가지로 도와주신 분이 계신다. 그분이 이제 회갑을 맞게 되어 그 신앙의 제자들이 함께 기뻐하며 하나님께 감사를 드린다.

나는 시편 62편을 묵상할 때마다 묘하게도 가말리엘과 박성록 장로님의 얼굴을 떠올린다. 신앙이 깊어질수록 사소한 일,

세상일에 흔들림 없이 하나님을 의지하고 바라는 법인데 가말리엘에게서 그 모습을 찾아볼 수 있고 또한 박성록 장로님에게서도 그런 모습을 찾아볼 수 있다.

베드로와 사도들이 예루살렘을 복음으로 소동케 할 때 공회와 이스라엘 족속의 장로들이 다 모여 크게 노하여 사도들을 없이 하고자 할 때 가말리엘은 이것을 막았다. 그는 공회에서 사도들을 잠깐 나가게 한 후에, 드다가 일어나 스스로 자랑하매 사람들이 많이 따랐으나 드다가 죽임을 당하고 모두 흩어졌던 것과 갈릴리 유다가 일어났으나 그도 망하였음을 예로 들면서, 하나님께로서 난 것이 아니면 결국은 망하고 말 것이니 하나님만 바라고 조그만 일에 요동치 말 것을 권했다(사도행전 5:33~41).

박성록 장로님에게서 그런 면을 볼 수 있다. 작년에 학원이 온통 난장판이 되었을 때도 대학의 학생과장으로서 여러 가지 곤경에 처해 있었지만, 어느 편에도 휩쓸려 요동치 않고 하나님만 의지하여 바라봄으로써 사태를 원만하게 풀어가셨다. 당시에 많은 교수님과 학생들이 갈피를 잡지 못하고 방황했지만, 그분은 하나님을 의지하여 복잡하게 꼬인 문제들을 차근차근 지혜롭게 해결해 나가셨다.

얼마 전, 회관을 이전하기 위하여 건물을 물색하러 다닐 때의 일이다. 우리는 급한 마음에 세가 나온 모 건물이 다른 사람에게 나가기 전에 빨리 어떤 결정이 내려지기를 바라고 있었다. 그러나 우리의 마음에는 답답할 만큼 박 장로님은 태연하셨다. 결과적으로는 전혀 모르던 더 좋은 곳으로 오게 되었다. 결국, 조급한 마음을 가지고 걱정했던 것이다.

어떤 면에서 보면 그분에게서 뜨거운 열정을 찾기는 쉽지 않지만, 잠잠히 하나님만을 의지하며 바라시는 모습은 우리에게 커다란 감동을 준다.

일제의 압박, 해방과 혼란, 6·25 사변과 월남, 그 이후의 평탄치 못한 세대 가운데서도 지금껏 굳건히 믿음에 서서 그 모든 삶의 복잡하고 고된 여정들을 잘 감당해 오신 것에 대하여 존경해 마지않는다. 그런 분과 함께 신앙생활을 한다는 것은 참으로 다행스럽고 감사한 일이다. 회갑을 맞이하신 박 장로님의 여생이 주 안에서 더욱 귀하게 펼쳐지고 그분과 함께 하는 모든 CCC Man에게 그분의 삶이 신앙의 큰 도전이 되기를 기도하면서 진심으로 박성록 장로님의 회갑을 다시 한번 축하드린다.

(1981년 4월, 공주 CCC 총순장 윤광원)

11. 왜 사는가?

"공부는 왜 하는가?"라는 주제로 한 학생이 준비한 내용을 발표했다. 한 마디로 좋은 대학에 들어가기 위해서라는 것이다. 그러면 왜 좋은 대학에 들어가려고 하는가? 그들에게는 물론 이미 정해진 답이 있다. 좋은 직장에 취직하려고. 그러면 왜 좋은 직장에 취직하려 하는가? 이에 대한 답 또한 이미 정해져 있다. 편하게 돈 많이 벌려고. 토론이고 생각이고 할 마음의 틈이 없다.

고등학생들이 언제 어떻게 이렇게 되었는가? 부모들과 선생님들에게 이미 그렇게 세뇌되었는가? 아니면 영악하여 자기들 스스로 일찍 현실에 눈을 뜬 것일까? 아홉 학급을 다니면서 똑같은 주제로 몇 명씩 발표를 시키고 토론을 시켰는데 학생들의 생각은 어쩌면 그렇게도 비슷한 것일까? 마치 약속이라도 한 것 같이! 아니면 수학의 답같이! 충격이다. 내가 아직도 현실에 눈을 뜨지 못한 것일까? 아직도 순진한 어린아이의 생각에 머

물러 있는 것일까? 아직도 잠에서 깨어나지 못한 것일까? 학생들에게 반문하면 할수록 나는 독단과 편견에 빠진 자로 취급당할 뿐이었다.

얼마 전에는 "바람직한 이성 교제의 방향은 무엇인가?"라는 주제로 발표와 토론을 시켰다. 그중에 Y라는 학생이 혼전순결에 대하여 그것이 무슨 문제가 되느냐고 물었다. 덩달아 K라는 학생은 사창가 출입이 무슨 큰 죄냐고 따지듯이 물었다. 혼전순결을 지켜야 한다고, 사창가를 출입해서는 안 된다고 이야기했다가 학생들로부터 완전히 시대에 뒤떨어진 사람으로 낙인이 찍혔다. 자기 부모들은 혼전 성교나 사창가 출입을 부정적으로만 말하지 않는다는 것이다. 딸이 아니라 아들을 둔 부모라서 그런 것일까? 그래도 그렇지. 이건 세대 차이도 아니다. 나는 이들과 이렇게도 다른 세상에서 살아왔는가? 나는 그들과 전혀 다른 가치관, 너무도 다른 판단 기준을 가지고 살고 있는가?

한번은 부동산 투기에 대하여 비판적으로 말했다가 몇몇 학생들로부터 심한 반발을 산 적이 있다. 상당수의 학생이 그들의 반발에 동조했다. 전혀 예기치 못했던 일이다. 충격이었다. 내 말을 도저히 이해할 수 없다는 표정을 짓는 학생들 앞에서 나 자신이 너무 초라해 보였다. 내가 부동산이 없고 부동산 투기를 할 수 없어서 부동산 투기를 비판하는 것쯤으로 보인 것일까? 부동산 투기가 왜 나쁜지 구체적으로 말해달라고 따지듯이 질문하던 P라는 학생의 당돌한 모습을 떠올리면 지금도 슬퍼진다. 토론의 여지마저 없다. 도덕성이 이렇게도 마비되었단 말인가? 바르게 판단할 힘을 잃은 학생들이 이렇게도 많단 말인가? 평택과 안성 지역에서 제일 실력이 있다는 P고등학교 학생들이. 이 아이들이 장차 사회의 주요 지도층이 될 가능성이 큰데, 그때 이 사회는 어떻게 될 것인가?

인간의 사람됨은 도덕성 때문이 아닐까? 도덕이 인간의 삶을 지배하던 시대는 이미 흘러간 옛 노래가 되고 말았는가? 다른 사람들과의 공존을 도무지 인정하지 않는, 자기만의 이익을 추구하는 태도는 이미 인간이기를 포기한 것이 아닌가? 인간은 혼자 살지 않는다. 인간관계 속에서 살아가고 거기에 사람됨의 의미가 있는 게 아닌가? 그런데 요즈음 사람들이 취하는 태도는 다른 사람의 존재를 의식하지 않는 극단적 이기주의의 모습이 아닌가? 아무리 세상이 바뀌고 가치관이 달라져도 공존의 윤리마저 마비된다면 이는 자멸을 초래하는 반사회적 행위이고 사회의 유지와 발전을 위하여 도무지 용납할 수 없는 일이 아닌가?

배부르고 등 따뜻한 것 자체가 옳은 것도, 행동의 판단 기준도 될 수 없다. 안일하고 편안하고 즐겁고 풍요로운 것, 그리고 그러한 것들의 추구 그 자체가 죄악은 아니지만, 그것이 선(善)이거나 의(義)도 아니지 않은가? 그것은 본능이 아닌가? 그렇다면? 그렇다. 본능에 충실할수록 불의일 가능성이 크지 않은가? 사람이 더불어 살아가려면 여러 가지 어려움이 따르고 그 어려움은 서로가 나누어 감당하는 것이 옳다. 서로가 감당해야 할 몫을 회피하며 자녀들도 그렇게 하도록 가르친다면 이는 잘못이 아닌가? 이를 아무리 그럴듯하게 포장하여 정당화해도 사회의 유지와 발전을 위해서는 절대 용납할 수 없는 일이다.

덴마크의 고독한 천재 철학자 키르케고르는 22살 때, 당시 코펜하겐 신학교 재학 시절에 이렇게 말했다. "온 천하가 무너진다고 하더라도 이것만은 붙들고 놓을 수가 없다. 내가 그것을 위해 살고 그것을 위해 죽을 수 있는 진리와 사명을 찾아야 한다." 우리는 무엇이 진리인지 찾아야 한다. 무엇이 정의이고 불의인지를 배워야 하고 가르쳐야 한다. 우리의 사명을 찾아야 하고 그 사명을 감당해야 한다. 하고 싶고 편한 대로 살고, 자신의 욕망과 감정대로 살면서 그것을 부끄러워하는 대신에 미화시키고 정당화하려는, 그것도 모자라 그것이 마치 순수하고 인간적인 삶이나 되는 것처럼 가르치려는 사람들이 많다. 어떻게 본능에 충실한 삶이 순수하고 인간적인가? 그것은 동물, 짐승의 삶이지 않은가?

왜 사는가? 무엇을 위해 사는가? 각자에게 주어진 삶의 이유와 목적을 깨달아야 한다. 인생을 진지하게 살아야 한다. 선생님들, 부모님들, 어른들 모두가 인생의 의미와 목적을 생각하면서 진지하게 살고 그렇게 살도록 학생들을, 자녀들을, 아이들을 가르쳐야 하지 않겠는가? 자기만, 자기 자식만 생각하지 말고 이웃도, 더 나아가 인류도 생각하며 살아야 하지 않겠는가? 적어도 자신밖에 모르는 이기적인 사람들로 가득 찬, 본능에 충실하고 그것을 예찬하는 사람들로 가득 찬 세상은 결코 행복한 세상은 아니다. 그곳은 차라리 지옥? 그렇다. 그곳은 지옥 아니고 무엇이겠는가? 당장 눈앞에 있는 일만 보지 말고 10년 후, 100년 후, 아니 영원을 바라보며 인생을 참으로 진지하게 음미하며 사는 자들이 가득한 세상이 되기를 바란다. 영원한 것, 절대적인 것, 하늘의 것에 관심을 가지고 사모하며 추구함으로 다른 사람을 배려하는 삶을 사는 자들이 가득한 세상, 그런 세상이 행복한 세상이 아닐까?

(1990년 어느 날)

12. 선교사 분포가 주는 교훈

국제선명회 선교정보연구센터의 자료에 의하면 1억 명이 살고 있는 서구권에 3만 명의 선교사가, 9억 명이 살고 있는 회교권에 9백 명의 선교사가 활동하고 있다고 한다. 9억 명이 살고 있는 힌두권에는 1천9백 명, 12억 명의 인구가 있는 중국에는 2천5백 명, 기타 부족이 있는 곳에는 1만 명의 선교사가 활동하고 있다고 한다.

명분은 그럴듯하면서도 희생이 적은 일을 좋아하는 것은 인간의 본성이다. 선교도 편하고 희생이 적으면서도 허울이 좋은 편에서 하려고 한다. 아골 골짝 빈들은 할 수만 있으면 피하려고 한다. 이 말을 하는 것은 좀 더 안전하고 편한 곳에 선교사들이 몰려 있다는 것을 비난하려는 뜻은 전혀 없다. 좀 더 안전하고 편한가, 그렇지 않은가를 떠나서 선교사로 산다는 것 자체가 힘든 일이다. 그런 흉내도 내지 못하는 주제에 그들을 비난할 수 있는 아무런 자격도 명분도 없다.

선택의 기로에 있을 때 자기희생이 더 많은 편이 하나님의 뜻일 가능성이 크다는 말이 있다. 모든 경우는 아니라고 하더라도 어쩌면 그 말이 옳을 것이다. 우리가 희생이 적은 편을 택하는 가장 큰 이유는 무엇일까? 부양가족이 있어서가 아닐까 생각한다. 왜냐하면, 가족에 대한 부양은 소홀히 할 수 없는 일이고 그 책임이 자신에게 있기 때문이다. 그 책임과 의무 앞에서 약해지지 않는 사람은 없을 것이다. 그런 의미에서 바울은 결혼하지 않는 편이 낫다고 생각했을지도 모른다. 그러나 가족 부양의 의무와 책임을 다하기 위해 희생이 적은 편을 택하는 것이 인간적으로는 가족 부양에 도움이 될 수도 있겠지만, 그것이 하나님께서 원하시는 삶이 될 수 있을까? 어쩌면 하나님께서 예비하신 삶의 코스를 경주하지 못하여 불순종할 수 있다는 사실을 간과해서는 안 된다.

선교사의 재배치가 필요하다. 선교사뿐만 아니라 목회자의 재배치도 필요하다. 안전하고 편하고 허울 좋은 선교지와 목회지를 위해 실용이라는 이름으로 적당히 타협하는 이 시대에 자기희생과 자기 십자가를 말하는 것은 비현실적일지 모른다. 적어도 선교와 목회를 자기 꿈의 실현과 자기발전을 위한 하나의 수단으로 삼는 사람들에게는 자기희생과 자기 십자가는 어리석은 것으로 여겨질 것이다. 목회를 준비하고 있는 나에게는 이러한 현실이 무섭도록 안타깝다. 안전하고 편하고 허울 좋은 목회지를 놓고 무섭게 경쟁하는 자에게는 일자리가 없지만, 하나님의 일군에게는 일자리가 널려 있다는 어느 목회자의 말이 생각난다.

(1995년 4월 어느 날)

다이제스트(Digest)

1. 로버트 멍어의 『내 마음 그리스도의 집』을 읽고

이 책은 읽을 때마다 진한 감동을 준다. 짧은 내용이지만 그리스도인의 삶이 무엇인지 단순하고도 명쾌하게 제시를 해주고 있어서 어떤 긴 장편 소설이나 거창한 논문보다 더 큰 교훈을 준다.

그의 이야기를 따라 다시 한번 삶의 구석구석을 돌아본다. 그리스도인으로서 나의 머릿속에는 부끄러움 없는 지식, 생각, 상상으로 채워져 있는가? 그렇지 못한 적도 많다. 마음의 벽에 '온유하고 사랑이 넘치는 예수님의 모습'이나 '십자가 희생을 짊어지신 예수님의 모습'보단 힘을 휘두르는 등의 화려한 모습을 걸어 놓을 때가 많다. 모든 생각을 예수님께 복종시키지 못하고 부정적이고 파괴적인 생각에 사로잡힐 때도 있다. 자신의 명예와 위신을 높이기 위한 지식을 추구할 때도 많다. 주님께서 원하시는 지식과 생각과 상상이 무엇인지 늘 생각하며 살기로 다짐한다.

저자의 안내를 따라 식욕과 욕구의 방인 주방도 살펴본다. 이야기 속의 주인공이 "돈, 학위, 증권 등이 주식(主食)이고, 반찬으로는 명성과 행운에 관한 신문 기사들이 있다."라는 말에 대해 "만일 진정으로 너를 만족시켜 줄 음식을 원한다면, 하늘에 계신 아버지의 뜻을 행하여라. 그분이 기뻐하시는 것을 네가 좋아하는 것보다 앞세우거라. 너희 야망이나 욕망이나 너 자신의 만족을 구하는 것을 중지하거라. 그분을 기쁘시게 하도록 힘쓰렴. 바로 그 양식(糧食)이 너를 만족시킬 것이다."라는 예수님의 응답은 나 자신에게도 그대로 해당하는 내용이다.

이어서 거실을 살펴본다. 주님께서 무엇보다도 함께 교제하시기를 원하시지만, 일들에 눌려 주님과의 교제는 형식적이고 피상적임을 지적받는다. 경건의 시간이나 성경연구나 기도시간이 단지 나의 영적 성장에 필요한 수단으로만 생각하고 주님과의 교제에는 소홀했음을 시인하며 주님의 긍휼을 구한다.

작업실도 살펴본다. 내 재능과 기능을 의지하여 직장생활을 할 때가 많았다. 그 결과 고작 하잘것없는 작은 장난감 같은 것들을 만들어냈음을 보게 된다. 가장 노련한 일꾼이신 성령님께서 나의 손과 마음을 다스리시도록 내어드리지 못한 결과다. 하나님께서 쓰시도록 자신을 내어드리는 훈련이 필요하다. 주님을 철저히 의지할 수 있기를 기도한다.

저자의 안내를 따라 오락실과 침실도 살펴본다. 주님께서 싫어하실 오락물은 보이지 않으나 주님께서 기뻐하실 오락물도 보이지 않는다. 어떻게 하면 주님과 함께 즐길 수 있는 오락실을 만들 수 있을까 지혜를 구한다.

침실은 주님께 보여드리기에는 좀 쑥스럽다. 성생활(性生活)을 하나님께서 허락하신 은혜로 여기지 못할 때가 많다. 이것까지도 주님께 맡겨야 하는데 그것만큼은 비밀로 하고 싶을 때가 많다. 이제 이것까지도 주님께 맡기도록 한다.

마지막으로 아직도 주님께 알리지 않은 부분은 무엇인가 생각해 본다. 두세 가지가 마음에 걸린다. 열등감과 위축이다. 이제 이것도 주님께 맡겨야겠다. 나 자신을 살펴보면 이 이야기의 주인공처럼 때때로 정결한 마음과 순종의 삶을 계속 유지하느라 피곤하고 지쳐서 감당할 수 없는 지경에 이를 때가 있다. 이제 그가 집 전체에 대한 책임을 주님께 맡겼듯이 모든 것을 주님께 맡기기로 다짐한다. 단지 심부름꾼으로서 주님 곁에 있어야겠다.

(1994년 12월 어느 날)

2. 조지 스위팅의 『영원에로의 초대』를 읽고

옮긴이인 이동원 목사의 말대로 이 책은 명쾌하고 단순한 논리로 복음의 핵심을 설명하고 있어 자신의 신앙을 다시 한번 정리하고 점검해 볼 수 있었다. 모든 그리스도인에게 한 번쯤 꼭 읽어보라고 권하고 싶은 유익한 책이다. 간략하면서도 명확하게, 그리고 쉽게 복음의 핵심을 설명해 놓은 이 책을 접할 수 있었던 건 하나님의 은혜다. 이 책을 통하여 받은 은혜를 몇 가지로 정리해 본다.

첫째로 그리스도인이 된다는 것은 자기를 부인하고, 예수님을 따르는 것임을 다시 한번 확인하게 되었다. "이 세상에는 정직한 것이 좋은 일인 것을 믿지 않는 죄수들은 하나도 없습니다. 술 취하지 않는 것이 좋다는 것을 믿지 않는 술주정뱅이는 하나도 없을 것입니다. 그러나 그들이 단순히 그렇게 믿고 있다는 사실이 그들의 상태를 변화시키지 못합니다."라고 삶을 변화시키는 믿음을 촉구하는 분명하고도 확고한 주장이 가슴을 파고든다. "당신이 그리스도인의 삶에 그럭저럭 도달할 수 있는 것으로 생각하셨다면 큰 오류입니다."라는 말이나 "고난받기를 두려워하는 사람은 이미 고난을 받으신 그분의 백성이 될 수 없다."라는 터툴리안의 말은 나에게 행함이 있는 믿음이 있는가를 더욱 진지하게 생각도록 한다. 최근에 야고보서 2장을 묵상하면서 행함이 있는 믿음을 촉구하는 글을 쓸 수 있는 은혜를 입었기에 이 책을 읽으면서 더욱 공감을 갖고 이러한 은혜를 주신 하나님께 다시 한번 감사하게 된다.

둘째로 활동함으로써 그리스도인의 성장이 가능하다는 지적은 체험적으로 공감이 간다. "사람들은 때때로 영적으로 충분히 먹고 있지 못하다고 불평을 합니다만 아마도 그들은 영적으로 식욕이 부진하기 때문일 것이요, 그 이유는 충분히 일하고 있지 않기 때문일 것입니다."라는 말에 특히 동감이다. 직장 신우회 활동, 선교회 활동, 성경공부 인도, 교회 봉사 등을 통하여 영적 식욕이 왕성해졌고 그로 인하여 말씀을 많이 읽고, 말씀을 깊이 대할 수밖에 없었던 것을 체험해 왔다. 참으로 하나님의 은혜이다. 점점 나태해지고 안일해지려는 자신을 채찍질하며 주신 사역에 충실히 활동해야겠다고 다짐해 본다.

셋째로 성령님의 인도 아래 지배받는 것이 능력 있는 삶을 사는 길임을 다시 한번 확신케 되었다. "우리가 조직을 의지할 때 우리는 조직이 제공하는 것을 얻게 된다. 우리가 교육을 의지할 때 교육이 제공하는 것을, 웅변을 의지할 때 웅변이 제공하는 것을 얻는다. 그러나 우리가 성령님을 의지할 때 하나님이 제공하시는 것을 얻는다."라는 딕슨(A. C. Dixon)의 말은 무의식 간에 조직과 교육과 언변을 의지하려는 나 자신의 불신앙적인 자세를 예리하게 지적해 주었다. 세속적 힘의 위력을 체험하고, 은연중에 그 힘에 의지하려고 했던 것을 회개한다. 성령님의 음성에 민감하도록 늘 말씀과 기도에 깨어 있기를 힘써야겠다.

넷째로 기도에 대하여 큰 도전을 받았다. "모든 것이 당신에게 달린 것처럼 일하고, 모든 것이 당신의 기도에 달린 것처럼 기도하십시오."라는 구세군 창설자 윌리엄 부스(William Booth)의 말대로 하나님 앞에서 간절히 매달리는 기도가 나에게는 특별히 필요하다. 또한 "주님, 내 남편이 그리스도인이 되게 해 주소서."라고 기도하기보다는 "주님, 제가 지혜롭게 남편에게 복음을 이야기해서 그가 당신을 구세주로 영접하게 하소서."라고 기도하라는 충고를 받는다. 내가 져야 할 책임을 하나님께 모두 떠맡기고 팔짱을 끼고 바라보는 무책임한 기도의 자세를 버리라는 말씀으로 받는다.

다섯째로 경건의 시간을 지속하는 비결로 '무시하는 방법을 계획하는 것'을 제시하여 충격을 받았다. "내 시간을 요구하는 것이 많았어요. 아침 식사 후 방에 들어가 나는 잠자리를 개고, 방을 정리하고, 청소하고, 필요로 하는 일들을 모두 했었어요. 그리고 일이 끝났을 때 바이올린 연습을 했지요. 그런데 그 방법은 내가 바이올린을 연습하는 데 실패를 가져왔어요. 그래서 일을 거꾸로 했지요. 바이올린 연습이 끝나기까지는 다른 모든 일을 무시하기로 신중히 계획을 세운 것입니다. 이것이 내 성공의 비결이었어요."라는 여류 음악연주가 하스킨(Dorothy Haskins)의 말을 통해, 경건의 시간도 이와 같이 경건의 시간을 마치기까지 모든 일을 무시하는 자세가 필요하다는 성령님의 음성을 받고 그런 자세로 경건의 시간에 임하기로 작정한다.

이 책은 많은 귀한 교훈들을 준다. 책의 내용이 복음을 농축해 놓은 농축액과 같고 복음의 핵심을 뽑아 놓은 에센스(essence)와 같다. 적절한 예화와 인용을 곁들이면서 항목별로 일목요연하게 복음을 설명하고 있다. 두고두고 필요할 때마다 읽고 교훈을 받고 싶은 내용으로 구성되어 있다.

(1994년 1월 어느 날)

3. 마티 헤플레이의 『오늘 예수님이시라면』을 읽고

이 책을 통하여 최근 나 자신의 속되고 어리석은 모습들을 구체적으로 보게 되었다. 먼저, 책 속의 등장인물인 던과 헤더의 모습을 통해 잘못된 삶의 자세를 알게 되었다. 부부간에도 자기 일에는 더욱 큰 가치를 부여하고 힘들어하면서도 상대방의 수고와 역할은 낮추어 생각하고 오히려 알아주지 않는 것에 대하여 야속해 하는 인간의 속된 모습을 보면서 자신을 살피게 되었다.

자기의 수고가 얼마나 크고 가치 있는지 애써 알리려는 아내에게 "화분의 화초들을 반짝거리게 한답시고 우유를 퍼붓지는 않나, 이곳에 살기 시작한 지 근 이 년 동안은 집 단장에만 정신이 팔려있었지."라고 비아냥거리는 던의 모습을 통하여 아내의 수고를 별것 아닌 것 같이 생각해 온 나의 모습을 발견한다. "내가 그렇게 차를 팔지 못했더라면 이 집이 그냥 굴러 들어올 것 같나? 당신 취미인 집안 치장을 할 수 있었겠냐 말이야?"

자기 일의 가치를 한껏 높이는 던의 모습에서도 못난 자신의 모습을 본다. 그동안 아내의 가사노동에 대하여 얼마나 평가절하하였는가? 그 힘들고 지루한 가사노동의 수고에 대하여 그 가치를 인정해 주고 위로해 주지는 못하고 오히려 당연히 해야 할 일을 한 것뿐인데 뭘 그리 힘들어하고 생색내려고 힘쓰느냐는 투로 대해 왔다. 자신이 하는 일에는 엄청난 가치가 있는 것처럼 생각하고 그 가치와 수고를 알리려고 틈만 있으면 생색내려던 자신의 모습이 너무도 부끄럽다. 던과 헤더의 모습이 나의 속된 수치를 그대로 비춰주는 거울 같다. 해야 할 일을 다 한 후에 무익한 종으로 하여야 할 일을 한 것뿐(누가복음 17:20)이라고 말하지 못하는 자신이 부끄럽다.

두 번째로 동아리 모임에서 서로 주고받는 대화와 행동을 통하여 또다시 나의 속된 심보를 본다. 이 모임에서 그들은 다른 사람들이 잘되고 부(富)를 누리는 것에 대하여 이유 없이 무의식적으로 못마땅해하고, 겉으로는 상대방을 걱정해 주는 척하며 고상해 보이려고 한다. 속으로는 어떻게 해서든지 상대방을 비꼬고 조롱하고 깎아내리려 하며, 반면 기회만 있으면 어떻게 해서든지 자기를 내세우고 추켜세우고 싶어 하는 속된 인간의 모습을 구체적으로 잘 드러내 주고 있다. 나에게서도 그런 모습을 발견할 수 있다. 부(富)와 특권을 누리는 사람들에게는 언제부터인지 이유 없이 적대감을 느끼는가 하면 다른 사람들의 수고와 노력에 대해서는 하찮게 여기고 비꼬며 조롱하고 깎아내리려 하면서도 기회만 있으면 어떻게 해서든지 자기를 나타내려 했다. “아무든지 나를 따라오려거든 자기를 부정하고 자기 십자가를 지고 나를 쫓을 것이니라(마태복음 16:24).”라는 말씀이 가슴을 찌르며 깊이 파고든다. 교만한 자를 여호와께서 미워하신다는 말씀(잠언 16:25), 여호와는 교만한 자의 집을 허신다는 말씀(잠언 15:25)을 상기해 본다. 겸손한 자의 소원을 들으시며(시편 10:17) 붙드시고(시편 147:6) 은혜를 베푸시는(잠언 3:34, 야고보서 4:6, 베드로전서 5:5) 하나님을 묵상한다.

세 번째로 남편 던이 외로운 여자 완다에 대해 친절을 베푸는 것에 대해 심한 질투심을 느끼며, 심지어 자식들에 대한 남편의 관심조차도 질투심을 느끼며 소외감을 느끼는 헤더에게서 모든 관심을 자신에게 모으려는 속된 나의 모습을 본다. 사람들의 관심에서 멀어지면 열등감을 느끼며 외로워하고 어떻게 해서든지 자신에게 관심을 끌기 위해 자신을 애써 나타내려는 어리석음을 본다. 그렇다고 누가 알아주는가? 그들도 마찬가지임을 알면서도 부질없이 자신에게 관심을 끌려는 어린아이의 유치한 모습을, 그럴듯하게 포장만 고상하게 했을 뿐, 그대로 빼닮은 자신의 수치스러운 속내를 본다. "예수를 나의 구주 삼고 성령과 피로써 거듭나니 세상과 나는 간 곳 없고 구속한 주만 보이도다." 이 찬송의 가사가 나의 간증이요 나의 삶이 되기를 기도한다.

네 번째로 동아리 모임에서 찰스 M. 쉘돈의 『예수라면 어떻게 할 것인가?』에 대해, 책에서 말하는 내용이 시대가 바뀌어 한계가 있다면서도, 일단 변화해보겠다고 말하는 이들을 통해 참으로 귀한 교훈을 얻었다. 자기중심에서 벗어나, 다른 사람을 위하는 모습으로 변화하고자 하는 그들을 보면서 나 또한 예수님의 관점에서 생각하고 행동하기로 다짐해 본다. 지난 한 주간 나름대로 예수님의 관점에서 몇 가지 행동한 것을 되돌아보면 예수님께서 예수님처럼 살 수 있도록 인도하신다는 사실을 느낄 수 있었다. 주머니에 몇 푼 없었으나 이기적이고 인색한 마음을 이기고 여러 선생님의 식사비를 감당할 수 있었고 두 군데의 부조금도 낼 수 있었다. 또 복잡하고 시간이 오래 걸리지만, K 선생을 버스터미널까지 태워다 줄 수 있었다.

다섯 번째로 헤더의 성급함을 통해 나 자신을 다시 돌아보게 되었다. 헤더는 취학 전 영어를 습득하지 못한 이들을 돕겠다는 마음 하나로 어느 교회에 아이들을 모았다. 그러나 교회의 시설을 이용하는 과정에서 철저하지 못했고, 결국 교회 사람들과 갈등을 빚게 되었다. 다른 사람을 위하고 돕는 것은 예수님의 뜻이고 좋은 일이지만 자기가 구상한 방식만을 생각하여 성급하게 추진함으로써 벽에 부딪히고 사람을 원망하며 실망하는 헤더의 모습에서 일 처리에 미숙한 나의 모습을 본다. 성급하고 경솔하게 행동함으로써 다른 사람들에게 상처를 입히고 자신은 실망하는 미숙함과 경솔함과 어리석음을 범치 않도록 매사에 신중하고 지혜로워야 할 것을 배운다. 주께서 이러한 좋은 책을 읽을 수 있는 계기를 마련해 주셔서 어리석고 부끄러운 모습을 살펴보게 하시고 다시 한번 주님을 바라보게 하시니 감사하다.

(1994년 2월 어느 날)

4. 마틴 로이드 존스의 『회심: 심리적인 것인가 영적인 것인가』를 읽고

본서는 진정한 의미의 신앙적 회심(회개)과 심리적 회심의 다른 점으로 신앙적 회심은 성령의 사역을 의지하지만, 심리적 회심은 성령의 사역을 무시하고 인위적인 기교를 의지하는 데 있다는 점을 명확하게 지적한다. 이번 기회를 통하여 전도 방법과 설교, 학생지도 등에 있어서 성령의 사역을 의지하지 않고 인위적인 방법을 동원하지는 않았는지 진지하게 살피는 계기가 되었다.

윌리엄 사강은 『정신세계의 전쟁(Battle for Mind)』에서 회심이 단지 하나의 심리적 과정으로 여러 가지 수단과 방법, 기교에 의하여 정신에 영향을 끼칠 수 있고 그것이 종교적인 운동에 의해서도 이루어질 수 있다고 주장한다. 이에 대하여 마틴 로이드 존스는 그 주장이 진정한 기독교의 회심자들에게는 적용될 수 없다고 비판한다. 그러면서도 복음적 집단에서조차도 행동주의적인 인위적 기교에 의한 회심이 조장되는 위험성이 있기에 사강의 주장을 경계로 삼아야 한다고 말한다. 분명히 사강이 주장하는 회심은 성경이 말하는 진정한 회개와는 다르다. 이는 한때는 열성적으로 교회 활동에 참여했으나 지금은 전혀 다른 세속적 삶을 사는 사람들을 보면 알 수 있다. 현재에도 열성적으로 교회 활동에 참여하지만, 그가 참으로 진정한 그리스도인인지 의심스러운 사람들을 보면 심리적 회심과 성령의 사역에 의한 회개가 동일한 것이 아님을 알 수 있다.

실제로 행동주의 심리학적인 방법에 따른 심리적 회심자들도 교회 활동에 열성적으로 참여할 수 있다. 그러나 그러한 자들에게는 미안하지만, 구원이 없다. 그렇게 극단적으로 말할 수 있는 것은 구원은 인위적으로 조장된 심리적 확신이 아니기 때문이다. 구원은 인간이 만들어내는 것이 아니기 때문이다. 사강은 오순절 사건, 사도 바울의 회심, 존 웨슬레의 회심도 조건-반사로 이루어진 심리적 회심으로 본다. 이러한 주장은 마틴 로이드 존스의 비판대로 예수 그리스도의 부활과 성령의 사역에 대한 무지에서 나온 것이다.

그러나 오순절 운동의 구체적 표본을 보여준 찰스 피니는 조건-반사의 행동주의적 이론에 따른 인위적인 기교를 사용함으로써 사강의 주장을 반박할 수 있는 여지가 없다. 실제로 우리 주변에는 찰스 피니와 같은 인위적 방법으로 심리적 회심을 불러일으키는 경우를 많이 볼 수 있다. 다행히 그는 전도자의 기간이 끝나고 신학 교수가 된 후에 "만약 내가 전성기를 다시 맞게 된다면 나는 거룩함 이외에는 아무것도 설교하지 않을 것이다. 내 부흥의 회심자들은 기독교의 망신거리이다."라고 고백하였다. 결국, 피니도 사람들의 의지와 감정에 엄청난 압박감(자극)을 주어 심리적 회심(반응)을 불러일으키는 것은 성령의 사역에 의한 진정한 회개와는 다르다는 것을 인정하게 된 셈이다. 사도 바울도 고린도전서 2:1~5에서 하나님의 증거를 전할 때 말과 지혜의 아름다운 것으로 하지 아니하고 다만 성령의 나타남과 능력으로 했다고 고백했다. 그가 청중에게 감정을 불러일으키고 흥분을 조장하여 압박감을 주는 등의 인위적인 기교를 사용하지 않았던 이유는 진정한 회개는 그러한 인위적인 방법에 따라서 이루어지는 것이 아니라 하나님의 능력, 성령의 사역에 의해서만 가능하다는 것을 알았기 때문이다.

설교를 하거나 전도를 할 때, 성경공부를 인도할 때에 행동주의 심리학적 방법을 사용하여 인위적인 감정을 불러일으키고 압박감을 줌으로써 회심시키려 했던 과거의 어리석음을 알게 되어 감사하다. 흥분된 상황에서의 결단이나 강요된 (심리적 압박감으로) 신앙고백은 단지 심리적 회심에 불과함에도 그런 유혹을 자주 받는다. 그것은 그런 방법이 왠지 효과적인 것같이 보이기 때문이다. 울고 결단하고 열광하는 모습을 보면 무엇인가 손에 잡히는 것처럼 느껴지기 때문이다. 그러나 그렇게 함으로써 힘이 있어 보이고 무엇인가 하는 것처럼 느껴지고 사람을 모을 수는 있을 것이지만 그것이 구원과 상관이 없다면 그런 유혹은 극복해야 한다. "힘으로도 되지 아니하고 능으로도 되지 아니하고 오직 하나님의 신(神)으로 된다."라고 한 하나님의 말씀(스가랴 4:6)은 영원히 진리이다. 아무리 보편화되고 효과가 있는 것처럼 보이고 복음적 집단에서 거부감 없이 널리 사용된다고 하더라도 비성경적이고 세속적인 방법은 포기해야 한다. 성경적인 방법은 미련하게 보이고 세속적인 방법이 훨씬 지혜로운 것같이 보인다면 그것은 성경을 불신하는 것이다. 그렇다면 자신에게 믿음이 있는가 진지하게 살펴야 할 것이다. 믿음이 적은 것을 고백하며 믿음을 더하여 달라고 기도해야 한다.

(1994년 5월 어느 날)

5. 웨슬리 듀웰의
『하나님의 자로 당신의 삶을 재어보라』를 읽고

이 책을 읽고나서 하나님 앞에 내가 얼마나 부족한지 더 구체적으로 볼 수 있었다. 얼마나 교만하고 안일하며 나태한가를 보게 되었다. 저자의 말대로 '깨닫기 전에 이미 세상의 기준으로 사람들의 행동과 삶을 평가하고 있는' 세속적인 모습을 선명히 발견하게 되었다. 하나님의 심판대 앞에서 타버릴 '나무나 풀이나 짚'을 '금과 은과 보석'보다도 더 많이 쌓고 있음도 보게 되었다.

특히 "사랑으로 삶을 재어보라."라는 말에서 사랑이 형편없이 부족하다는 것을 깨닫게 되었다. 하나님의 말씀과 함께할 시간을 확보하기 위해 기꺼이 포기하는 활동들이 무엇인가에 대한 물음에 명확하게 대답할 수 없었으며, 하나님을 기쁘시게 하려고 물질이나 여가 시간이나 우선순위를 얼마나 잘 통제하느냐의 질문에도 고개를 떨어뜨리지 않을 수 없었다. 자신을 배반할 때에도 백성에 대한 사랑이 변하지 않았고 백성에게 신실하기 위해 어떤 대가도 지급할 준비가 되어 있었던 모세와 같아지길 기도하며 듀웰의 권고처럼 항상 예수님을 사랑한다고 고백하며 형제들을 내 몸과 같이 사랑하고 싶다. 승용차와 책상 앞에 '예수님, 내가 당신을 사랑합니다.'란 글을 써 붙이고 차를 타거나 책상 앞에 앉을 때마다 그렇게 고백하며 형제에 대한 사랑을 다짐하기로 한다. 듀웰의 권고처럼 나를 잊고 무시하며 지나치는 형제들을 용납하고 사랑할 수 있도록 기도한다. 이제부터라도 동료 그리스도인들을 험담하지 않도록 각별히 조심하도록 하겠다. 괴롭히고 화를 내고 학대하는 사람도 사랑하고 구원받지 못한 인생을 위해 눈물을 흘리며 기도하고 전도할 수 있기를 간구한다.

"하나님과 교제함으로 삶을 재어보라."라는 말을 통해서는 하나님과의 교제보다도 겉으로 드러나는 일에 점점 분주한 잘못된 신앙 자세를 살피게 되었다. 전도 편지 사역을 하면서 아내가 돕지 않는다고 불평해왔던 것을 회개한다. 일을 처리하듯이 기도하고 성경을 읽고 예배를 드림으로써 결국 불평을 할 수밖에 없었던 것을 고백하며 먼저 하나님과의 교제에 초점을 맞추기로 다짐한다.

"도고(타인을 위한 기도)로 삶을 재어보라."라는 말에서는 국가와 정부를 위해 기도하지 않는다면 비판하지 말라는 말이, 비판에 익숙해져 있는 나에게는 상당히 가슴 아픈 충고로 받아들여진다. 사랑과 기도가 없이 비난 자체를 즐기는 어리석음을 범치 않도록 힘써야겠다. 가족과 주변 사람들을 위해서 기도하고 있지만, 그 기도가 피상적이었음을 깨닫고 영적인 책임감을 느끼며 통곡하는 마음을 품을 정도로 깊은 사랑으로 기도하고 싶다. 얼마 전에는 1년 가까이 그들을 위해서 기도하고 권면해도 여러 가지 핑계로 피하기만 하는 전도대상자들에게 미운 마음이 생기기도 했는데, 그것이 마음에 걸린다. 사랑이 얼마나 부족한가를 깊이 실감한다. 그들을 위해 계속 기도하고 권면하기로 한다. 매일 아침 하나님의 임재와 기쁨을 느낄 수 있을 때까지 기도하고 난 후에야 하루의 일과를 시작했다는 어느 여인의 간증은 정말 감동을 주었다. 그렇게 기도하고 싶다. 요즈음 그저 의무감에 형식적으로 조금 기도하고는 그것 자체로 만족해하는 자신이 한없이 부끄럽다. 기도하고 성경을 읽고 예배를 드림에도 불구하고 때때로 무기력했던 것은 바로 하나님의 임재와 기쁨이 없었기 때문이었음을 인정하지 않을 수 없다. 영적 생활의 비결이 하나님의 임재와 기쁨을 느끼는 데 있다는 것을 알고, 이제 청구하듯이 기도하는 자세를 버리고 하나님의 사랑과 인도하심을 깊이 묵상하여 하나님의 임재를 실감하고 그 기쁨을 누리도록 힘써야겠다.

진한 감동을 준 내용 중에 빼놓을 수 없는 것은 저드슨의 버마(1989년 이후 미얀마) 선교에 관한 것이다. 한 명의 세례 교인을 얻기 위해 7년이란 세월을 굽히지 않고 믿음으로 버티었고, 다시 12년을 끈질기게 믿음으로 인내하여 18명의 세례자를 얻었으며, 버마 신약성경을 완성하기 위해 10년이나 믿음으로 참아내었다니 저절로 고개가 숙여진다. 첫째 부인의 죽음과 둘째 부인까지의 죽음, 자녀들의 죽음과 반복되는 질병, 후원자들의 지원 중단과 심한 고문에도 무너지지 않았던 그의 믿음 앞에서, 잘 믿는다고 착각하며 교만했던 자신의 형편없는 모습이 한없이 부끄럽다. 쥐구멍이라도 찾고 싶다. "당신의 사랑이 세계적인 차원에 이르지 못한다면, 하나님의 자녀로서 무가치하고 은혜를 모르는 것이다."라는 말은 너무 심한 표현으로 보인다. 그러나 가정과 교회와 직장의 울타리를 벗어나지 못하고 그 속에 안주하려는 나의 자세는, 세계를 향하여 눈을 들고 땅끝까지 복음을 전하라는 주님의 명령에 비추어 보면, 하나님의 자녀로서 무가치하고 은혜를 모르는 것이라는 책망을 받는 것이 마땅하다. 윌리엄 카레이는 하찮은 구두 제조공으로서 지도를 살 돈도 없었지만, 손수 그린 세계 지도를 놓고 세계를 위해 기도했고, 그 결과 훗날 성경을 36개 국어로 번역하고 편집하는 일을 추진했다고 한다. 이 이야기는 큰 도전으로 다가온다.

시각장애인이었던 페니 크로스비는 세상이 보이지 않는다고 해서 어두운 삶을 살거나 불평하지 않겠다고 결심하고 즐거운 마음으로 가는 곳마다 하나님께 영광을 돌렸다는 이야기는, 만성 두통과 위장 장애와 약한 체력으로 늘 피곤하더라도 어두운 삶을 살거나 불평하지 말고 즐거운 마음으로 가는 곳마다 하나님께 영광을 돌리라는 음성으로 들린다. 과로하였을 때, 건강이 문제가 될 때, 무시를 당하거나 훼방을 당할 때, 굶주릴 때도 '무엇으로 하나님께 영광을 돌릴까?'를 생각하며 살 수 있기를 간구한다.

헨리 수소의 이야기는 정말 감동을 준다. 어떻게 한 번도 본 적이 없는 여자가 버리고 간 아이를 온갖 오해와 낙인에도 불구하고 결코 자신을 변호하지 않고 돌볼 수 있었는지 놀랍다. 참으로 십자가에 못 박힌 삶이 무엇인지 보여준다. 자기를 부정하고 자기 십자가를 지고 주님을 따르지 않는 자는 주님께 합당하지 않다고 했는데, 나는 아직도 자존심이 살아서 내 의지에 따라 움직일 때가 너무도 많다. 속된 나로부터 자유로워지고 싶다.

(1994년 8월 어느 날)

6. 레베카 피펏의 『빛으로 소금으로』를 읽고

이 책을 통하여 사영리를 통한 전도, 제임스 케네디 목사의 전도폭발훈련을 통한 전도, 직접 개발한 전도 편지를 통한 전도, 성경공부를 통한 전도 등 여러 가지 전도 방법에서 얻은 경험들을 돌아볼 기회를 얻게 되었다. 그동안 이러한 방법들을 통하여 신앙훈련을 받았고 전도의 열매를 얻었지만 한편 늘 아쉽고 부족한 것이 생활을 통한 전도인데 이 책을 통하여 이러한 부분에 대해 시원한 대답을 얻었다.

그동안 복음의 내용을 논리적인 체계로 규격화하여 일정한 틀 속에 넣으려고 했다. 하나님을 인간의 논리적 틀 속에 규격화하여 넣을 수 없듯이 복음도 상품화할 수 없음에도 불구하고 그런 부질없는 시도를 그치지 않았다. "상투적인 세련된 문장과 암송해 놓은 성경 구절을 적절하게 사용해서 복음을 청산유수로 소개해야만 성공할 수 있다는 생각이 지배적이었으나 하나님은 내가 약할 때 영광을 받으신다는 사실을 깨달았다."라는 저자의 말에 공감이 갔다. “내게 이르시기를 내 은혜가 네게 족하도다. 이는 내 능력이 약한 데서 온전하여짐이라 하신 지라. 이러므로 도리어 크게 기뻐함으로 나의 여러 약한 것들에 대하여 자랑하리니 이는 그리스도의 능력으로 내게 머물게 하려 함이라. 그러므로 내가 그리스도를 위하여 약한 것들과 능욕과 궁핍과 핍박과 곤란을 기뻐하노니 이는 내가 약할 그때 곧 강함이니라(고린도후서 12:9～10).”라는 사도 바울의 고백이 진리임을 받아들이지 않을 수 없다. ‘전도의 문제점은 자료의 부족이 아니라, 우리가 자신을 자연스럽게 드러내는 법을 모르고 있다는 점’이라는 지적은 맞다. 그동안 전도대상자를 전도계획의 도구로, 독백을 일방적으로 들어주는 관중으로 취급하면서 복음의 내용을 세련되게 전하는 데에만 신경을 썼다. 어떤 방법으로든지 복음은 전해졌고 결신자도 생겼지만, 생활을 통한 전도는 부족했다.

그동안 복음을 전하는 데 있어서 하나님의 사랑이나 죄 문제는 강조했으면서도 예수님의 주되심은 소홀했다. 그 결과 ‘그들의 삶에 명백한 영향을 끼치지 못하며 믿음이 거의 피상적’인 사이비 신자를 양산하는 데 그쳤다. 주변에는 예수님을 주님으로가 아니라 자신의 욕구를 채워주는 알라딘 램프나 황홀한 경험을 가져다주는 무슨 마약 같은 정도로 여기는 신자들이 많다. 실제로 예수님을 주인으로 따르는 삶의 변화가 전혀 없으면서도 예수님을 잘 믿고 있다고 착각하는 신자들이 많다. 복음을 전하는 데 있어서 무엇보다도 먼저 모든 만물을 다스리시고 인간의 생사화복을 주관하시는 주님으로 예수님을 전해야겠다. 특별히 핍박을 받지 않는 경우나 주술 종교적 배경에서 쉽게 복음을 받아들이는 한국인의 경우에는 피상적 그리스도인이 되기 쉬우므로 예수님의 지배를 받는 것이 바로 그리스도인이 되는 것임을 강조해야겠다.

저자는 예수님과 바리새인을 비교함으로써 참다운 신앙생활이 무엇이며 어떤 신앙의 자세가 다른 사람에게 복음을 받아들이게 하는지를 설득력 있게 설명하고 있다. 신앙생활의 연륜이 쌓여가면서 바리새인처럼 변해가는 자신을 보면서 그것이 복음을 가로막고 있음을 알고 바리새적인 자세를 버리기로 다짐한다. 그동안 종교적인 활동이 하나님을 기쁘시게 한다는 바리새적인 생각에 사로잡혀 있었다. 그들처럼 자신을 불신자와 엄격히 분리했고 교회 활동에 시간을 낼 수 없는 자들과는 관계도 멀리했다. 그 결과 '길 잃은 자를 위한 복음'은 없었다. 불신자와는 완전히 분리되고 그래서 그들의 생활에 복음을 들고 깊숙이 들어갈 수 없게 되었다. 복음을 하나의 공식으로 제시하는 데에만 신경을 쓴 결과 불신자들의 실제 삶을 뚫고 들어

가지 못하고 말았다. '그리스도의 사랑이 가득한 삶을 살 때 사람들에게 복음에 관한 관심을 불러일으킬 수 있다.'라는 것을 잊고 살았다.

저자의 제안대로 "나는 다른 사람들의 삶에 충실히 동참하고 있는가? 나는 다른 사람들을 기꺼이 잘 받아들이는가? 혹은, 거룩하다는 명분 아래 우리끼리 하나님을 제한시켜 믿음으로써 오히려 사람들의 장애물이 되고 있지는 않은가? 또, 나는 각종 종교를 믿는 사람들에 휩쓸려 배회하고 있는 것은 아닌가? 나는 사랑하는 마음이 일어나지 않는 그런 사람들까지도 사랑하는가? 그렇지만 나는 세상 사람들과 분명히 구별된 삶을 살고 있는가? 그리스도를 닮은 삶인가? 그리스도의 거룩한 성품, 그의 도덕적 표준, 성령의 열매를 맺고 있는가? 또는 다른 사람들의 삶에 동참하며 그들을 사랑하고자 하는 간절한 마음으로 그 문화에 적응해 가고 있는가?"라는 질문을 스스로에게 해본다.

"우리 대부분은 세상 사람들에게 지나치게 동화되고 그들 속에 섞여 버린 나머지 아무도 우리가 그리스도인인 줄 모르거나, 아니면 세상과 거의 접촉하지 않고 자신을 분리해 안전을 즐긴다. 우리는 자신이 어떤 유형에 속하는지 파악하고 이에 대처해야 한다."라는 저자의 지적은 공감하지 않을 수 없다. 나는 어떤가? 세상과 거의 접촉하지 않고 자신을 분리해 안전을 즐기는 편이다. 그 결과 '토끼 굴속에 있는 그리스도인'이 되어 '세상을 헤치고 들어가라는 명령을 받고도 세상에서는 분리되고 고립되어' 있다. 이제라도 피하고 움츠러들지 말고 파고 들어가 변화시키는 자가 되어야겠다.

본서에 소개된 대화술은 전도에 있어서 유익할 것으로 여겨진다. "우리 쪽에서 먼저 그들이 가지고 있는 반대 의견들을 제기할 때, 막혔던 담이 헐리고 대화의 다리가 세워진다."라는 말은 맞다. "믿음을 강요하지 말고 우리 믿음을 그대로 드러내도록 한다.", "복음을 전해야 할 때가 언제일까 지나치게 신경을 쓰는 것보다는 하나님에 대해 스쳐 지나가는 말로 시작하는 것이 훨씬 더 효과적이다.", "기독교의 메시지를 설명할 때 우리는 쉬운 용어를 사용해야 한다.", "좋은 질문을 할 수 있도록 한다.", "사람들과 대화하면서 그들이 현재 가진 인생관에 허점이 있음을 알게 하여 그들이 복음에 관심을 두도록 자극할 수 있다."라는 말은 유념해 둘 만한 대화술이라고 여겨진다.

"현시대의 정치적, 문화적 현상들에 관심을 가지고 그 문화를 기독교적 관점에서 평가할 수 있는 분석적 기능을 개발시켜야 한다."라는 말 또한 공감하지 않을 수 없다. 인기 있는 TV

프로그램이나 영화나 베스트셀러 문학 작품들에도 관심을 가질 때 세상 사람들의 관심이 무엇인지 파악할 수 있고, 그렇게 할 때 쉽게 그들 속에 파고들 수 있다. '우리 문화에 대하여 무지하지 않고 예민하고 통찰력이 있는 태도를 보여줄 때, 그 효과는 대단히 클 것이며 그럴 때 우리 그리스도인 공동체는 주변 사회에서 격리되어 성장하지 못하는 그런 일은 없을 것'이라는 지적 또한 옳다.

(1994년 12월 어느 날)

7. 레이 스테드먼의 『고통이 주는 교훈』을 읽고

하나님 영광의 소망 안에서 즐거워할 뿐만 아니라 환난 중에도 즐거워하라는 말씀은 받아들이기가 쉽지 않다. 그리스도를 위하여 고난을 겪는 것이 특권이고(빌립보서 1:29), 그것이 이상한 것이 아니라 정상적인 것이며(베드로전서 4:12), 그러므로 고난을 겪는 것을 기뻐하라고(야고보서 1:2, 마태복음 5:11~12) 말씀했지만, 고난을 받아들이기가 그렇게 쉽지 않다. 저자의 지적대로 억지로 참으면서 웃거나, 얼마나 견딜 수 있는지 자신을 시험하듯 굴복하지 않으려고 버틸 때가 대부분이다. 환난 중에 즐거워하라고 했으나 고통을 즐기거나, 체면 때문에 단지 행복한 척 보이려고 꾸민 적도 많다. 저자는 환난은 인내를 이루고(끈기를 낳고), 또한 품격(신빙성)을 낳고 소망을 낳게 하여 우리를 실망하지 않게 하며 자신을 넘치게 해준다고 로마서 5장 말씀을 설명하면서, 소망이 부끄럽게 아니함은 우리에게 성령으로 말미암아 하나님의 사랑이 우리 마음에 부어져 있기 때문이라는 말씀을 인용한다. 수긍이 간다. 환난 가운데서도 하나님의 사랑을 느낄 수만 있다면 즐거워할 수 있을 것이다.

그러나 저자가 지적한 대로 고통받아 쓰라릴 때 사랑받고 있다고 믿기는 어렵다는 데 문제가 있다. 아직도 건강이 나쁘거나 경제적으로 어렵거나 대인 관계에 마찰이 생기거나 가정일이 뒤틀려서 고통을 겪게 된다면 낙심하고 맥이 빠져 허탈할 때가 대부분이다. 과거의 고난을 뒤돌아보면 한결같이 합력하여 선을 이루어주신 하나님의 손길임에도 불구하고 아직도 바울 사도와 같은 고백을 하지 못하고 있어 안타깝다.

저자의 권고대로 환난으로 인해 낙심해서 하잘것없고 잊혔다고 느껴질 때마다 십자가의 사랑을 바라보아야겠다. 예수 그리스도를 십자가에 내어주시기까지 나를 사랑하신 하나님께서 나를 너무 사랑하셔서 고통에서 놓아주시는 것이 아니라 오히려 그것을 겪도록 하신다는 사실을 믿고 환난 중에도 즐거워할 수 있기를 기도한다.

(1995년 1월 어느 날)

8. 조셉 얼라인의 『회개의 참된 의미』를 읽고

이안 머레이(Lain Murray)가 '저자에 대한 글'에서 얼라인을 소개한 내용 중에서 이런 부분이 있다.

> '대장장이들이나 구두 제작공들, 상인들의 말소리를 듣고 일어난 날이면 그들보다 늦게 하나님 앞에서 일을 시작하게 된 것을 매우 부끄러워했다. 그럴 때마다 아내에게 "이 소리는 나를 참 부끄럽게 하는군! 내가 섬기는 주인은 그들의 주인보다 더 충성을 받을 만하지 못하신 분이란 말인가?"라는 말을 하곤 했다.'

얼라인의 근면성과 하나님을 향한 경외심에 고개가 숙여진다. 이른 새벽에 나가보아도 밤 늦게 나가보아도 수많은 사람들이 입시를 위해서, 취직을 위해서, 돈을 벌거나 사회적 지위 향상을 위해서 몸을 상해가면서까지 최선을 다하고 있는 모습을 볼 수 있다. 그런데 나는 그보다 비교할 수 없을 만큼 귀하고 중요한 신앙적인 일들을 위하여 얼마나 최선을 다했는가? 세상의 어떤 주인과도 비교할 수 없는 주님을 위하여 얼마나 최선을 다했는가?

저자는 서문에서 "우는 아이를 달래려면 노래를 불러주어 마음을 안정시키고 다독거려 재워야 할 것이다. 그러나 아이가 불속에 떨어졌다면 부모는 달리 행동할 것이다."라고 회개에 대해 단호하게 말한다. 백번 옳은 말이다. 회개에 대한 메시지를 좀 더 단호하게 전해야겠다. 저자는 회개의 뜻을 모르는 자들을 위해 회개란 무엇인가를 구체적으로 설명한다. 이전의 생활을 변함없이 그대로 유지하면서 하나님의 자비에 은근히 소망을 두고 있는 사람들을 위해 회개의 필요성을, 이미 회개했다는 헛된 자부심으로 마음을 닫기 쉬운 사람들을 위해 회개하지 않은 사람들의 특징을, 회개하지 않고서도 아무런 갈등이나 두려움을 느끼지 않고 안일하게 사는 사람들을 위해 회개하지 않은 사람들의 비참함을, 피할 길을 몰라 그냥 주저앉아 있는 사람들을 위해 회개의 방법들을, 모든 사람을 일깨우기 위해 회개의 동기들을 설명했다.

그중에 회개에 대한 그릇된 생각들을 지적한 내용은 큰 경각심을 불러일으킨다. 그는 기독교를 믿는다고 고백하는 것이 곧 회개는 아니라고 고린도전서 4:20, 요한계시록 3:14~16, 디모데후서 2:19, 디도서 1:16, 마태복음 25:12, 7:22~23 등의 성경 말씀을 근거하여 설명한다. 예수님을 주(主)라고 부르면서도 죄에서 떠나지 않거나 하나님을 안다고 하면서도 행위로는 부인하는 명색(名色)만의 그리스도인은 책망과 버림을 당한다는 말씀은 진리이다.

또한, 세례가 곧 회개는 아니라고 지적한다. 누구든 기도하지 않고 살거나 거만하게 남을 조롱하거나 미련한 자와 사귀는 사람은, 한마디로 거룩하고 엄격하며 자기를 부인하는 그리스도인이 아닌 사람은 구원받을 수 없다고 잠언 13:20, 히브리서 12:14에 근거하여 설명한다. 당연한 지적이다. 이어서 회개는 도덕적 의에 근거하지 않음도 바리새인과 서기관, 믿기 전의 바울의 경우를 들어(마태복음 5:20, 빌립보서 3:6, 누가복음 18:11) 설명한다. 이 또한 옳은 지적이다. 그리고 겉으로 경건의 규율을 지킨다고 할지라도 경건의 능력은 없이 경건의 모양만 있는 것은(디모데후서 3:5) 회개와는 무관함도 지적한다. 회개와 상관없이 오래 기도할 수 있고(마태복음 6:5), 자주 금식할 수 있으며(누가복음 18:12), 심지어 말씀을 달게 받을 수도 있고(마가복음 6:20), 예배에 열심일 수도 있으며(이사야 1:11), 모든 것으로 구제하여 자기 몸을 불사르게 내어 줄 수도 있다(고린도전서 13:3)고 구체적으로 예를 들어 설명해주고 있다. 전혀 틀림이 없다. 또한, 교육, 인간의 법 혹은 형벌로 단순히 부패를 방지하는 것이 곧 회개가 아님을 요아스가, 여호야다가 살아있을 동안에는 예배에 더욱 적극적이었으나 여호야다가 죽은 이후에는 늑대처럼 행동하고 우상을 숭배했음을 예로 들어 설명한다. 교육이나 제도, 훈련, 인간의 힘에 따라 일시적으로 부패한 행동을 금할 수는 있으나 근본적인 변화가 따르지 않는 것은 참된 회개가 아니다. 마지막으로 성령의 조명을 받거나 깨닫거나 피상적인 변화나 부분적인 개혁을 한다고 회개가 이루어지는 것은 아니라고 히브리서 6:4~6, 사도행전 24:25, 마가복음 6:20을 근거로 지적한다. 진정한 회개가 무엇인지를 좀 더 구체적으로 정리할 수 있게 하는 지적들이다.

저자는 자기가 회개했다는 강한 확신 이상의 증거를 갖고 있지 못한 사람은(잠언 30:12, 로마서 7:9) 분명히 아직은 회개하지 않은 사람이라고 단정하면서 그 특징으로서 의도적인 무지, 하나님께 나아가는 데 있어서 은밀하게 제외해 둔 것들이 있음, 악한 동기, 자기의(自己義) 의지, 엄격한 신앙(엄격함, 열정, 신앙적 활기, 능력)을 싫어함, 형식적 믿음, 일정한 정도의 신앙에서 멈춤, 세상에 대한 끊을 수 없는 사랑, 자기를 무시한 사람에 대해 악의와 시기를 품고 괘씸하게 생각함, 자부심을 억제하지 못함, 쾌락을 사랑함, 세속적인 안전에 만족하며 자기들의 상태에 대해 자신감을 느끼는 것 등을 들고 있다. 스펄

전의 어머니는 주일 저녁이면 화롯가에 자녀들을 앉혀 놓고 본서를 수없이 많이 읽어주었고, 자기도 스스로 죄지은 것이 생각날 때마다 읽었다고 한다.

저자는 회개가 없으면 우리의 존재뿐만 아니라, 그리스도께서 십자가의 고난을 받으면서 이루어 놓으신 모든 일이 헛되다고 강조했다. 결과적으로 하나님과 원수가 되어 사탄의 지배를 받고 정욕의 비참한 노예가 되며 죄책에 시달리고 그에게는 영원한 진노의 용광로가 예비되어 있으며 모든 위험과 저주가 있다고 경고하면서 애타게 회개를 외친다. 우리 모든 그리스도인은 이런 자세로 회개하고 회개를 전해야 할 것이다.

(1995년 2월 어느 날)

9. 오스왈드 샌더스의 『넉넉히 이기게 하시는 하나님』을 읽고

저자가 서문에서 밝힌 대로 이 책은 그리스도인 사역자가 현대를 살면서 부딪치는 복합적인 긴장과 문제들을 제시했다. 그러면서 성경적인 원리를 제시하여 해답을 찾을 수 있도록 했다.

저자는 긴장과 과로를 푸는 만병통치약은 하나님을 다시 발견하는 것이라고 지적한다. 내가 무거운 짐을 지고 있다고 느끼는 것은 "감당할 시험밖에는 당한 것이 없다(고린도전서 10:13)."라는 말씀에 비추어 볼 때 잘못된 것이다. 우리가 질 수 있는 짐의 한계를 하나님은 알고 계시다는 것을 발견할 때 긴장과 과로를 극복할 수 있다는 말은 맞다. 또한 저자는 우리가 긴장과 과로를 느끼는 이유는 하나님을 찬양하는 것보다 인간의 인준을 확보하는데 더 신경을 쓰거나, 자기 연민에 빠져 자주 자신과 고된 문명을 탓하기 때문이라고 지적한다. 인생의 짐이 무겁게 느껴질 때마다 저자의 지적을 염두에 두고 자신을 바로 세우도록 힘써야겠다. 자신을 변명하거나 책임에서 벗어나려는 생각을 버리고, 자신의 모든 것을 하나님께 던져버릴 때 길이 열리고 성령께서 우리를 새롭게 하시는 기적을 일으키신다는 것을 믿어야만 긴장과 과로를 극복할 수 있음을 명심해야겠다.

사무엘 로간 브렝글(Samuel Logan Brengle)에 관한 이야기도 감명 깊다. 그는 수석 졸업생으로 대표 연설을 할 만큼 능력이 뛰어나 일류 교회에서 차기 강단을 맡을 자로 지목받기도 했다. 하지만 그는 기대와 달리 빈민가에서 사역하는 구세군에 들어가 동료들의 진흙 구두를 닦는 일을 하게 되었다. 이 때문에 그는 '일류 교회를 버리고 런던에 온 것이 이 일을 하기 위해서인가?'라는 마음을 가지게 되었다. 그는 그런 마음을 제자들의 더러운 발을 씻기셨던 예수님의 겸손을 생각함으로써 이겼다고 한다. 우리가 모두 새겨들을 일이다. 고난이나 체면 손상에 관여된 일을 꺼려 피하는 것은 세상적인 마음이며, 그리스도의 마음은 십자가의 길로 인도하기 때문에 완전한 개혁 없이는 그리스도의 마음을 가질 수 없다는 저자의 지적은 옳다. 그리스도의 마음이 없이는 영적인 열매를 맺을 수 없음을 알고 항상 십자가에 달리신 예수님의 수치와 고난을 바라보아야겠다.

“우리는 큰일을 이루려고 힘을 구하지만, 순종을 배우도록 연약하게 지음을 받는다. 더욱 위대한 일을 할 수 있기 위해 건강을 구하지만, 더욱 좋은 일을 할 수 있도록 연약함을 주신다. 인간의 찬양을 얻을 수 있도록 능력을 구하지만, 하나님의 필요성을 느끼도록 미약함을 주신다. 우리는 생을 즐기려고 모든 것을 구하지만 모든 것을 즐길 수 있도록 생을 부여받는다.” 이 지적은 자주 묵상하고 싶은 말이다. 만성 두통과 현훈을 제거해 주시기를 간절히 구해왔지만, 바울의 경우와 같이 하나님은 육체의 가시를 제거해 주시지 않았다. 괴로운 일이지만 그 가시로 말미암아 하나님을 더욱 의지하게 하시고 낮추시는 것만은 확실하다. 비록 가시가 제거되지 않을지라도 이에 못지않은 보상이 적절한 은혜와 능력이라는 선물로 주어진다는 저자의 말을 믿음으로 받아들이며 “내 은혜가 네게 족하도다. 이는 내 능력이 약한 데서 온전하여짐이라 하신 지라(고린도후서 12:9).”라는 말씀을 마음에 새긴다. 사탄이 나에게 사용하려는 두통과 현훈의 무기를 그 방향을 돌려 주님을 위해 영광스러운 승리를 거두게 하실 줄 믿는다.

“칼빈은 그리스도인들이 그리스도께 자기의 사랑을 표현하기 위해 바치는 것보다 이방인들이 미신적인 습관들을 행하기 위해 신에게 바치는 액수가 더 많다고 자기 시대를 탄식했다.”

라는 이야기나 "우리의 안락에 영향을 끼치지 않는 범위에서 바친다면 이것은 전혀 그리스도인의 헌금은 아니다."라는 저자의 말은 헌금의 자세에 대해 반성하게 한다. 그의 지적대로 헌금하기에 용이하거나 편안할 때까지 연기하라거나 수입이 증가하면 이에 비례하여 생활 수준을 올려 증가분을 모두 삼켜버려서 이전보다도 헌금에 쓸 돈이 더 없게 하라는 사탄의 유혹을 느끼며 살아왔다. 사탄의 음성을 분별하고 물리쳐야 한다.

저자가 제시한 의심스러운 일들에 관한 여러 문제를 처리하기 위한 질문들은 좋은 지침이라고 생각한다.

1) 하나님께 영광이 되는가(고린도전서 10:31)?
2) 그리스도인의 생활과 나의 간증과 나의 봉사에 유익이 되는가(고린도전서 10:23)?
3) 그리스도인의 성품을 개발하는 일인가(고린도후서 10:8)?
4) 노예로 만드는 경향이 있는가(고린도전서 6:12)?
5) 유혹을 대항하는 나에게 힘을 주는가?
6) 세상적인 특징이 있는가, 아니면 하나님의 특징이 있는가(요한일서 2:15~16)?

본서는 영적 지도력에 대해서도 유익한 내용을 싣고 있다. 그중에서도 "영적 지도력은 장려한다고 얻어지는 것이 아니라 많은 눈물과 죄의 고백과 겸손케 함과 마음의 살핌과 자기 굴복, 각자의 우상을 용감하게 희생시키며, 담대하게 불평하지 않으며, 십자가를 받아들임에 있어서 타협하지 않음으로써 얻어지는 것이다. 이것은 자기를 위하여 위대한 일들을 추구함으로써 얻어지는 것이 아니라 바울처럼 이미 얻어진 것을 그리스도를 위하여 잃어버림으로써 얻어진다."라는 사무엘 로간 브렝글의 말은 영적 지도력이 어떻게 얻어지는가를 명확하게 보여준다. 희생 없이 지도자가 되려고 했던 것을 회개한다.

남의 일에 참견 없이, 주님의 명령에 대해서 자기 연민이 없이, 질문 없는 순종을 하는 사람들을 예수님은 원하신다는 말은 참으로 옳다. 그렇게 따라가는 제자가 되고 싶다. "네게 무슨 상관이냐? 너는 나를 따르라(요한복음 21:33)."라는 말씀을 되새기며 예수님을 계속 따르는 일에 관심을 고정하기로 한다. 다른 형제가 특별 취급을 받더라도 신경 쓰지 않고 섭섭해하지도 말며 주어진 길을 가는 데 모든 관심을 모아야겠다. 우리가 관심을 가져야 할 일은 오직 '우리의 동기를 조심스럽게 지켜보며 주님께 눈을 고정하고 어깨너머로 다른 사람을 보지 않는 일'이다.

"우리에게 충분한 시간이 없다는 말은 정말 사실인가? 위대한 인물들은 너무 바쁘다는 인상을 절대로 주지 않으며 오히려 제법 여유가 있어 보이는 인상을 준다. 굉장히 바쁘다는 인상을 주는 사람은 대개 통이 작고 능력이 없는 사람이다."라는 저자의 말은 굉장히 바쁜 인상을 주는 것이 잘 하는 것처럼 생각했던 자신을 부끄럽게 한다. "시간이 없다고 말할 때 이것은 시간이 우리에게 제공하는 기회를 어떻게 사용해야 할지 모른다는 뜻이 될 뿐이다."라는 말도 도전이 된다. 시간이 없다고 습관적으로 말하며 이리 뛰고 저리 뛰며 바쁜 인상을 주고 있는 자신을 조용히 반성해 본다.

중년의 시련 앞에서 좌절하지 말고 영적 등산을 계속하라는 권면 또한 귀하다. 나이가 들면서 건강이 예전 같지 않고 체력도 떨어지며 기억력과 집중력도 형편없다. 잡념이 생기고 장애물들도 많다. 새로 시작하는 공부와 사역에 대한 준비에 앞서서 가족 부양에 대한 책임감과 건강의 약화 등으로 소심해진다. 저자가 지적한 대로 갈렙처럼 근심하지 말고 달리는 기술을 터득하고 생명력 있는 믿음으로 말미암아 안정을 이루어 주어진 경주를 완주하도록 하나님을 더욱 의지해야겠다.

(1995년 3월 어느 날)

윤광원

학력
공주사범대학(B. Ed.) 졸업
평택대학교 신학대학원(M. Div.) 졸업
개혁신학연구원(M. Div.) 졸업
합동신학대학원대학교 목회대학원 수료
Cambridge World University(D. Min., 설교학) 졸업
평택대학교 신학전문대학원(Th. D., 조직신학) 졸업

경력
평택고등학교 등 교사(사회, 윤리 · 도덕, 철학 등)
평택대학교, 피어선신학연구원, 화성총회신학원 외래교수(조직신학, 칼빈신학, 기독교철학, 기독교윤리, 비교종교학, 초대교회사 등)
현 대한예수교장로회(합동, 총신대학교) 영성교회 담임목사

저서
『哲學: 討論學習을 爲한 教授-學習案』(세창문화사, 1988)
『존 칼빈의 자기부정의 렌즈로 본 신앙생활의 핵심』(한국학술정보, 2009)
『안 보면 영원히 손해 볼 성경해석 바로잡기 500』(한국학술정보, 2019)
『영원을 준비하고 계시나요?』(한국학술정보, 2019)
『칼빈신학과 한국신학』(공저)(성광문화사, 2009)
『칼빈신학 2009』(편집 및 공저)(도서출판 기쁜날, 2009)

무슨 재미로 사세요?

어느 젊은 교사의 신앙고백

초판인쇄 2019년 12월 26일
초판발행 2019년 12월 26일

지은이 윤광원
펴낸이 채종준
펴낸곳 한국학술정보㈜
주소 경기도 파주시 회동길 230(문발동)
전화 031) 908-3181(대표)
팩스 031) 908-3189
홈페이지 http://ebook.kstudy.com
전자우편 출판사업부 publish@kstudy.com
등록 제일산-115호(2000. 6. 19)

ISBN 978-89-268-9740-9 03230